"互联网+政务服务"背景下营商环境研究

吕晓明 著

延吉·延边大学出版社

图书在版编目（CIP）数据

"互联网+政务服务"背景下营商环境研究/吕晓明著.-- 延吉：延边大学出版社,2024.7.-- ISBN 978-7-230-06789-8

I.F832.48

中国国家版本馆 CIP 数据核字第 2024H73T02 号

"互联网+政务服务"背景下营商环境研究

著　　者：吕晓明	
责任编辑：翟秀薇	
封面设计：文合文化	
出版发行：延边大学出版社	
社　　址：吉林省延吉市公园路 977 号	邮　　编：133002
网　　址：http://www.ydcbs.com	E-mail：ydcbs@ydcbs.com
电　　话：0433-2732435	传　　真：0433-2732434
印　　刷：三河市嵩川印刷有限公司	
开　　本：787 毫米×1092 毫米　1/16	
印　　张：11.5	
字　　数：200 千字	
版　　次：2024 年 7 月第 1 版	
印　　次：2024 年 7 月第 1 次印刷	
书　　号：ISBN 978-7-230-06789-8	

定　　价：58.00 元

前 言

营商环境分为市场环境、政务环境、法律政策环境、人文环境等,相较于其他三类,国内外学者普遍认为政务环境对营商环境的影响最大,优化政务环境是营造良好营商环境的关键环节和着力点。随着互联网技术的快速发展,基于互联网背景探讨如何优化营商环境的议题逐渐受到国内外学者的广泛关注。如何运用"互联网+政务服务"来增强政务服务能力、提高政务服务水平、构建高效优质的政务环境,从而为优化营商环境提供良好的基础值得深入探索。目前,学界以"互联网+政务服务"作为切入点开展营商环境优化的研究较少,特别是在"互联网+政务服务"逐渐取代传统政务服务形式的趋势下,对各级地方政府运用"互联网+政务服务"理念优化政务营商环境的成效、不足等方面的研究仍然缺乏。据此,本书力求从理论和实践上探索地方政府如何在"互联网+政务服务"背景下更好地优化政务营商环境,建设法治政府。

本书共分为四章,从"互联网+政务服务"和营商环境的相关概念及理论基础出发,对我国"互联网+政务服务"建设现状和营商环境建设现状进行了研究,阐述了二者目前存在的问题,并在分析国内外先进地区经验的基础上,针对我国"互联网+政务服务"与营商环境发展实际,从制度层面、管理层面、技术层面以及服务层面提出了优化营商环境的对策,力求从理论和实践上探索出一条"互联网+政务服务"背景下更好地优化政务营商环境的路径。

目 录

第一章 "互联网＋政务服务"与营商环境概述 ⋯⋯⋯⋯⋯⋯⋯⋯⋯ 1

第一节 "互联网＋政务服务"概念界定及理论基础 ⋯⋯⋯⋯⋯⋯ 1
第二节 营商环境的概念、特点与优化意义 ⋯⋯⋯⋯⋯⋯⋯⋯⋯ 8
第三节 改革开放以来营商环境发展的历程与特点 ⋯⋯⋯⋯⋯⋯ 12
第四节 "互联网＋政务服务"与营商环境的发展方向 ⋯⋯⋯⋯ 22
第五节 "互联网＋政务服务"对营商环境优化的作用 ⋯⋯⋯⋯ 32

第二章 我国"互联网＋政务服务"建设现状 ⋯⋯⋯⋯⋯⋯⋯⋯⋯ 43

第一节 我国先进地区"互联网＋政务服务"建设经验 ⋯⋯⋯⋯ 44
第二节 我国"互联网＋政务服务"建设存在的问题及成因 ⋯⋯ 58
第三节 我国先进地区"互联网＋政务服务"建设启示 ⋯⋯⋯⋯ 69

第三章 我国营商环境建设现状 ⋯⋯⋯⋯⋯⋯⋯⋯⋯⋯⋯⋯⋯⋯⋯ 72

第一节 我国营商环境建设成效与优化建议 ⋯⋯⋯⋯⋯⋯⋯⋯ 72
第二节 政府在建设营商政务环境过程中的责任 ⋯⋯⋯⋯⋯⋯ 89
第三节 我国数字营商环境法治化建设 ⋯⋯⋯⋯⋯⋯⋯⋯⋯⋯ 103
第四节 我国先进地区优化营商环境的经验 ⋯⋯⋯⋯⋯⋯⋯⋯ 119

第四章 "互联网＋政务服务"背景下优化营商环境的策略……128
  第一节 制度层面的策略……128
  第二节 管理层面的策略……150
  第三节 技术层面的策略……159
  第四节 服务层面的策略……167

参考文献……**175**

第一章 "互联网+政务服务"与营商环境概述

第一节 "互联网+政务服务"概念界定及理论基础

一、"互联网+政务服务"的相关概念

(一)"互联网+"

"互联网+"是指在创新 2.0(信息时代、知识社会的创新形态)的推动下由互联网发展出来的新业态,也是在知识社会创新 2.0 推动下由互联网形态演进、催生的经济社会发展新形态。"互联网+"

这一概念最早并不是出现在学术界研究成果中或官方文件上，而是在2012年的互联网博览会上，企业代表于扬在发言中首次提出的，但是此后"互联网＋"并没有成为国内的流行词汇。2015年初，我国网络技术发展迅速，为"互联网＋"的发展创造了良好的条件。随后，政府提出"互联网＋"行动计划，在全国范围内吹响了互联网技术与各个行业融合发展的号角，促进互联网企业利用互联网特有的强大优势带动相关行业创新发展。因此，笔者认为，"互联网＋"最重要的是创新，关键在于如何最大限度地发挥好"互联网＋"与各个传统行业的作用，深度融合互联网企业和传统行业，让"＋"变得有价值、有意义。

（二）政务服务

政务服务一般被理解为政务方面的服务工作，服务对象涵盖社会群体、企事业单位、公众个人等。政务服务事项依据涉及领域、对象、目标等可分为很多方面。例如，按照企业、公民、员工、政府这四类服务对象可将政务服务模式具体分为G2B（Government to Businesses）、G2C（Government to Citizen）、G2E（Government to Employee）、G2G（Government to Government），即政府到企业、政府到公民、政府到员工、政府到政府；按照事项领域划分，可以分为行政权力事项和公共服务事项。强调政府行使政治权力管控社会事务，属于行政权力事项，包括行政许可、行政确认、行政裁决、行政给付、行政奖励及其他行政权力事项。强调政府按照要求为公众提供帮助和服务则属于公共服务事项的范畴，包括公共教育、劳动就业、社会保险、医疗卫生、养老服务、文化体育、残疾人服务等领域的公共服务事项。

(三)"互联网+政务服务"

随着人工智能、大数据、物联网、云计算、虚拟现实(VR)等新技术不断涌现,建立一体化的网上政务服务平台,推进"互联网+政务服务",成为新时代政务服务信息化的重点与方向,标志着我国政务服务信息化逐渐进入了网络空间时代。"互联网+政务服务"首次出现在2016年《政府工作报告》之中。此后,中华人民共和国国务院(以下简称"国务院")持续关注信息惠民、"互联网+政务服务"技术建设、审批服务便民、政务服务"一网一门一次"改革、一体化在线政务平台等政务服务信息化的改革和发展,相继出台了多项指导文件和意见,初步形成了"互联网+政务服务"的"四梁八柱"。

"互联网+政务服务"是完全中国特色的词。顾名思义,就是将互联网与政务服务牢牢结合在一起,把互联网作为提高行政服务效率的有效手段,充分运用到各类行政服务事项中去。将"互联网+"运用于行政服务领域,是我国政府在"放管服"改革中的尝试,也是塑造服务型政府形象的伟大创新。所以,本书将"互联网+政务服务"理解为借助"互联网"的开放思维,在政府与公众、政府与企业、政府与社会团体之间构建高效率的服务渠道,进而提升政府的信息化办公水平和服务效能。

二、"互联网+政务服务"的理论基础

(一)新公共服务理论

20世纪七八十年代,西方乃至整个世界都受到信息技术革命的

广泛影响,各国政府所面临的社会挑战和行政环境也比以往任何时候都更加复杂,对政府的行政职能提出了更高的要求。美国学者罗伯特·丹哈特最早提出的新公共服务理论迅速成为西方公共行政改革的主导方向。其主要涉及以下观点:

1. 服务是政府的职能

美国学者戴维·奥斯本及特德·盖布勒认为,政府是舵手,不是划船者。换句话说,国家机制倡导的政府职能更应注重决策而非执行。根据新公共服务理论的提出者丹哈特的说法,当时许多行政人员更关心"治理",而政府的重点应是服务。

2. 追求公共利益

公共利益是政府人员和群众之间的共同利益、共同责任,不是个别群众利益的叠加或者汇总。公共行政部门的代表应该努力创造一个群体性的、共同的公共利益概念。政府应努力创造一个无拘无束、真诚的公共对话环境,让公共利益占主导地位,鼓励公民为公共利益采取一致行动。

3. 为公民服务不是为顾客服务

政府与群众的关系和企业与客户的关系不同,不同的客户有不同的利益诉求,企业要优先照顾客户的需求。而公共服务的对象是全体公民,对于公民来说,政府应该关注更大的公共利益,在公平公正的基础上为他们提供服务,所以不设优先顺序。公共利益产生于共同利益的对话,因此政府应寻求与公民建立信任和合作,并以他们的意见为指导。

4. 重视人，而不只是重视生产效率

新公共服务理论强调通过人进行管理，以合作的方式开展工作。公务服务人员不是只需要保护和组织的雇员，也非单纯的市场参与者，他们也想获得肯定和支持，实现个人的价值。

5. 公共服务比企业家精神更为重要

企业家的重点在于实现生产力最大化，提升企业利润，而政府官员不是公共机构的所有者，他们不能采取这种行为和思维方式，他们工作的目的不应当是实现自身利益的最大化。政府应当为公民所有，政府官员的责任是向公民提供服务，他们是公共资源的管理者、公共组织的监督者、群众权利和民主对话的倡导者、社会活动的推动者，所以行政官员在解决与治理公共问题时必须勇于承担责任。

新公共服务理论是一种新的管理模式，强调市场化的改革方向，强调政府是"掌舵人"而不是"划桨人"。政务服务改革要真正服务于营商环境建设，需要减少审批事项，压缩审批时限，提高企业投资项目的政务服务效率和质量。在改革过程中，政府也要改变传统的以高高在上的管理者态度看待问题和工作的做法，让群众少跑路。政务服务考虑到如何减轻公民的负担，才是其工作的真正意义，才能真正做好为市场主体纾困，为公民办实事。

（二）无缝隙政府理论

无缝隙政府理论由美国学者拉塞尔·M.林登于20世纪90年代提出。林登在有效借鉴通用公司"无界限组织"改革后，通过参考"无界限组织"的结构特征和优势，主张将组织内部分散的资金、人

员、组织等资源整合起来提供统一服务，摒弃过去以部门为单位提供服务的方式。无缝隙政府主要是指组织内各部门、各层级之间没有缝隙、没有界限，灵活透明且具有弹性，呈现自由、敏捷、反应快速的特征，具备这些特征的组织是优秀的且能够提高公共行政效率的。无缝隙政府理论认为组织内部和组织之间没有壁垒，没有部门阻隔，完全做到无缝隙接触，无缝隙地满足公众复杂多样的需要，以提供满意的政务服务为目标，将人、财、物等资源真正投入切实保障社会和公民的真正利益中。

"互联网+政务服务"是新时代政府职能转变的有力杠杆，我国需要积极构建无缝隙的政府，一般来说，应从顾客导向、竞争导向和结果导向这三个方面入手。从政府提供政务服务的角度来看，顾客导向是指政府在提供公共产品和公共服务的过程中，以满足人民群众的需求为出发点，重视公共服务方式的创新，动态地适应人民群众日益增长并不断变化的需求。它强调政府提供的公共产品与服务应符合广大群众的需求，避免因主观臆断而提供脱离人民实际需求的产品与服务。竞争导向作为无缝隙理论中的重要一环，正日渐成为政府改革与发展的主题导向，通过在政务服务中引入竞争机制，能够最大限度地激发公共产品和服务的技术创新，提高政府效能。结果导向要求站在结果的角度观察公共产品与服务能否满足人民群众的实际需求。如果政府在提供服务的过程中所表现出来的能力、态度不符合人民对结果的要求，那这样的服务就没有价值和意义。

（三）新时代中国社会治理理论

治理理论起源于西方社会，主要指在社会治理中除了国家层面外还应当有多个社会决策主体参与其中，共同管理社会事务，实现公共利益最大化。当前我国进入了新时代，在汲取治理理论的精华及结合我国具体国情的基础上,以习近平新时代中国特色社会主义思想为行动指南,治理理论在我国社会治理领域创造性地发展出实践成果。我国的政府体制改革借鉴了治理理论中的有益成分,在政府层面上正式提出了具有中国特色的"社会治理现代化"命题,体现了新时代中国社会的治理创新。目前,理论界关于新时代中国社会治理理论并没有形成统一说法,不同学者有各自的看法,但是把社会治理作为国家治理的重要方面这一点是毋庸置疑的。

围绕我国社会治理所进行的实践探索都是以"为人民服务"为出发点的,这与"互联网+政务服务"的核心要义不谋而合。因此,党和政府高度重视"互联网+政务服务"的建设,着眼于解决人民最盼、最急、最忧的突出问题,让人民共享政务服务的发展成果。

在"互联网+"的社会大环境下,相关政府部门在进行"互联网+政务服务"建设时要不断完善政务服务标准化流程、规范性文本和办事指南。"互联网+政务服务"可以有效改善由地域限制所带来的政务服务时效长等问题,还可以有效降低行政成本。利用网络平台所架构的系统进行相关信息的处理,可以突破由地理原因所导致的地域限制,做到"跨省通办"的标准统一。在以往线下办公的环境下,大部分的政务服务都是当地政府部门根据法律、法规以及各级规范性文件开展的,不同地区的地方政府可能在审批材料的标准方面有着较大的出入,这就在极大程度上加大了人民群众跨省办公的难度。而在"互联网+政务服务"的背景下,通过深入推进政务服务标准化、规范化、便利化建设,扎实有效推动政务服务事项管理平台建设,企业、群众可以基于"互联网+政务服务"真正做到"一次办成"和"跨省通办",有效提高了现阶段我国的政务服务水平。

第二节 营商环境的概念、特点与优化意义

一、营商环境的概念与特点

2019年10月,国务院发布了《优化营商环境条例》,将营商环境定义为"企业等市场主体在市场经济活动中所涉及的体制机制性因素和条件",内容涉及市场主体保护、市场环境、政务服务、监管执法、法治保障。营商环境有如下三个主要特点:

首先,就其性质而言,营商环境是一种具有规范性、开放性和稳定性的制度环境,对市场主体的成长和发展具有重要影响。例如,创业要注册企业、清理债权债务、申请抵押物等,在经营过程中必须遵循相应的规则和条例,为此必须付出时间、金钱的代价。其次,从实际情况看,营商环境包括市场准入、生产经营、退出等企业发展阶段,涵盖了公共服务、法治、市场环境、市场监管等各个方面,涉及面广,因此必然会涉及创业的企业制度,如市场准入条件、公共流程、监管规则和相关法律法规。最后,从作用上看,营商环境影响市场主体的成长、创新和发展,也影响就业机会、生产效率和投资信心等,最终结果会对社会经济发展和人民生活的改善产生深远影响,体现国家或地区的综合竞争力。

笔者认为营商环境是与政府环境、法治环境、市场环境,以及市场参与者进入、生产、经营和退出市场所涉及的人文环境有关的一系列外部因素和条件。优化营商环境,打破市场限制,解决市场中的痛点、难点问题,有利于提高市场国际化、法治化、便利化水

平，增强社会经济发展的内生动力。为了创造良好的营商环境，国家将继续深化"放管服"改革，减少对市场的干预，规范事前、事中、事后市场监管，降低制度性交易成本，提升公共服务的"软实力"，增强经济发展动力，激发市场活力以及社会创造力。

二、持续优化营商环境的重大意义

营商环境包括影响企业发展的社会要素、经济要素、政治要素和法律要素等诸多方面，是一个综合性的体系。持续优化营商环境，努力呈现市场化、法治化、国际化、便利化的趋势，是进一步实现我国经济高质量发展的题中之义。

（一）持续优化营商环境是建设经济强国的必然要求

全面建成社会主义现代化强国，实现中华民族伟大复兴，是全体中国人民的共同奋斗目标。面对复杂的国际环境，只有打造稳定的营商环境，才能应对各种风险，建设经济强国，增强国力，使我国傲立于民族之林，提高我国的国际话语权。

1.营商环境为企业发展提供土壤

营商环境的发展方向之一就是实现市场化。企业是市场构成的主要要素。企业成立、运行、破产和注销等发展阶段都离不开市场，市场影响着企业的存续。一个企业经营的好坏，不仅依靠自身的生产和创造，同时受市场供给的影响。我们常说要遵循市场规律，就是从这个角度出发的。营商环境包括企业活动的多种要素，如政策、融资、税收、社会服务等。持续优化营商环境，有利于企业自身的发展，可以鼓励其将更多精力投入技术改进、服务创新中，降低成本，增加盈利；持续优化营商环境，有利于企业间的良性竞争，推动技术进步，甚至能够带动上下游整个产业链的发展。优良的营商环境是滋养企业的土壤，是企业高质量发展的助推器，也是当地招商引资的评价标准。通过某地的企业发展状态，就能感受到营商环境的好坏，或者说，在打造良好营商环境的大背景下，哪里的营商环境更好，哪里的企业就能发展得更好，这是一个螺旋相伴上升的关系。

2. 营商环境为民生领域发展提供支持

虽然营商环境更多的是为企业发展服务，但是持续良好的营商环境，对民生领域的影响也非常大。比如，某地营商环境好，招商引资顺利，那么启动资金的顺利到位必然会给当地带来新的活力，促进新企业建立或者扩大原有企业规模，这都能带动就业的发展，等于解决了民生的一大难题。再比如，良好的营商环境能够促进新兴产业的发展，尤其是互联网产业，新兴产业的发展能够极大地改变经济结构，实现经济高水平发展。优良的营商环境除了能创造产业价值，还能给人民的生活上带来方方面面的便利，可以使老百姓衣食住行的选择更加多样化，性价比也更高。良好的营商环境是民生领域平稳发展的有力支撑，只有让老百姓切实感受到生活的便利，才能把生活和生产再提高一个新层次，进一步促进营商环境的优化。

（二）持续优化营商环境是建设法治国家的必然要求

营商环境的目标之一是实现法治化。翔实的法律、法规、规章、规范性文件是实现营商环境法治化的基本保障。《优化营商环境条例》于2020年1月1日起正式实施，这是我国首次以行政法规的形式明确了中国特色营商环境评价制度。各地以此为母本，根据实际情况制定了符合省情的地方性政府规章。国务院有关部门和各地区累计修订、废止不符合《优化营商环境条例》规定的法规、规章和规范性文件等约1000件，保证法律依据条理上的一致和执行上的统一，避免造成法条适用混乱，达到良法善治。营商环境的法治化，是建设法治国家在行政和经济领域的应有之义。建设社会主义法治国家，就是要让社会政治、经济生活在法治框架下有序进行，营商环境恰恰反映了一个国家的社会秩序。建设社会主义法治国家，构建全国统一大市场，需要打造持续良好的营商环境。

营商环境包括国内和国际两个方面，要实现以国内大循环为主，国内国际双循环相互促进的新发展格局，不仅要重点建设国内环境，还要积极参与到国际市场发展中。国际化的趋势要求企业、产品、服务高质量地走出国门，接受国际市场的检验。我国作为最大的发展中国家，要适应国际贸易市场中的复杂情况，也要积极应对挑战，打造真正的国际化营商环境。

第三节　改革开放以来营商环境发展的历程与特点

一、改革开放以来营商环境的发展历程：从经济管理到经济治理

营商环境是指企业等市场主体在市场经济活动中所涉及的体制机制性因素和条件。市场主体所处的营商环境并不是一成不变的。改革开放以来，随着政府与市场、企业、社会的关系的演变，影响市场主体活动的营商环境也在不断地变化，呈现不同的特点。

（一）初步探索阶段（改革开放初期至21世纪初）

改革开放初期，为促进我国经济发展、提高投资吸引力，我国开始以外资企业为重点，对"投资环境"进行相应的改革探索。受原有计划经济体制的影响，这一时期的营商环境带有明显的政府经济管理特点。

1. 参与主体以地方政府为主

政府部门是地方经济发展的主要推动者，为提高投资环境竞争力，一些地方政府开始以政策为突破口，通过大规模招商引资来加快地方经济发展。到现在为止，仍有很多地方政府专门在外地派驻专业招商队伍，代表政府直接与企业进行洽谈，以促成项目落地，完成招商引资任务。

2. 作用对象以外资企业为主

1979年1月，为解决经济发展资金不足、技术落后问题，邓小平同志敏锐洞察到当时世界经济、科技以及国际形势的发展变化，及时做出引进外资的重大决定，明确提出"现在搞建设，门路要多一点，可以利用外国的资金和技术"。从此，引进外资成为各地改革开放的重要标志。为了更好地吸引外资，一些地方建立各种工业园区来为外资企业服务。比如，我们国家的第一个工业园区——蛇口工业区（1979年建立），最初就是专门为外资企业进行原材料加工和产品进出口而建设的。

3. 实施机制是提供优惠政策

为了弥补市场吸引力不强的缺陷，提高国际竞争力，我国政府开始加大政策力度，提高外商投资吸引力。1986年，国务院发布的《关于鼓励外商投资的规定》中指出，要在场地使用费、所得税减免、利润汇出和再投资等方面给予外资企业特别优惠的"超国民待遇"。随后，各地方政府几乎对所有外资企业都实行税收减免、财政补贴、专项贷款扶持等"超国民待遇"。实践证明，在改革开放初期尤其是市场环境不完善的时候，通过给予"超国民待遇"的方式来吸引外资，对加快经济发展、促进就业有一定的积极作用。但是，长时期给予外资企业特别优惠政策，不仅违背了市场经济公平竞争原则，也极易出现"新官不理旧账"问题，即由于被承诺的优惠政策缺乏明确的制度保障，一些换届后的政府并不认可，容易引发政企矛盾，进而影响政府公信力。

4.考核动力为投资增长量

党的十一届三中全会后,党和国家开始实现工作重心的转移,对地方政府的考核重点也开始由政治因素转向 GDP、招商引资、财政状况等经济因素。为实现投资快速增长,一些地方开始设立专门的外商投资服务机构,如招商局、外商投诉服务中心等,来为外资企业提供服务。实践证明,这种成立机构进行大规模招商引资的方式,对培育市场经济、促进社会发展有一定的积极作用,但造成了一定程度的资源浪费。

(二)调整优化阶段(21世纪初至党的十八大以前)

进入新世纪,营商环境开始进入调整优化阶段,政府经济管理模式开始转变。

1.参与主体开始扩大

这一阶段,行业协会在促进企业自律、维护市场秩序、提高企业国际竞争力方面的作用开始显现。早在 1997 年,中华人民共和国国家经济贸易委员会(已撤销)办公厅印发了《关于选择若干城市进行行业协会试点的方案》,要求率先在广州、温州、厦门和上海进行行业协会的发展试点。2002 年以后,国家进一步加快行业协会的试点改革,国内的行业协会进入快速发展期。大量行业协会开始与政府合作,在保护我国经贸利益、协调解决国际争端、提高本国企业竞争力方面发挥了重要作用。例如,2002 年温州烟具协会与外经贸部合作组成交涉团,通过与欧盟协调,将欧盟 CR 法案的生效期延迟两年,为温州烟具企业转型升级赢得了宝贵时间,使温州烟具企业最终站稳欧洲市场。

2. 作用对象扩展到内资企业

事实上，从 1995 年中共中央第十四届五中全会提出"积极合理有效利用外资，对外商投资企业逐步实行国民待遇"起，我国就逐渐开始取消外企的"超国民待遇"。直至 2010 年 12 月，我国取消最后两项对外企优惠政策——城市维护建设税和教育费附加，取消外资企业的"超国民待遇"。而在此过程中，营商环境的作用对象也不再局限于外资企业，开始扩大到内资企业。与之相应的，政府也从企业的发展需求入手，进行一系列的改革。比如，很多地方原来专门针对外商、外资企业的服务机构，如招商局、经济发展中心等，开始将服务对象扩展为所有外地投资者，为其提供相应的服务与支持。

3. 实施机制是审批制度改革

加入世界贸易组织以后，为更好地融入世界经济体系、增强市场活力，我国开始从转变政府职能入手，于 2002 年开始大规模推行的行政审批制度改革。这场改革成效比较明显，包括最初的对标世贸组织要求的国民待遇、市场准入、公平竞争规则，以及后来的根据企业需求简化各种审批手续和流程。从 2002 年 11 月到 2012 年 8 月，国务院分六批取消和调整了 2497 项行政审批项目，占原有总数的 69.3%，投资者的办事效率明显提升，我国经济进入高速增长期。

4. 考核动力开始转向服务效率

2003 年"非典"过后，我国开始认识到社会管理和公共服务的重要性，在政府考核上开始重视科学发展观的执行情况和公民的参与度、满意度。比如，2006 年中国共产党中央委员会组织部制定的

《体现科学发展观要求的地方党政领导班子和领导干部综合考核评价试行办法》，专门把民意调查反映的有关情况作为地方党政领导班子及其成员实绩考核的重要内容。为了提高企业及群众满意度，让投资者更好更快地办事，一些地方政府将原来针对外商设立的服务机构（如外商投资服务中心等）进行改进，成立了专门的政务服务中心。与外商投资服务中心相比，政务服务中心把涉及投资的很多职能部门（如国家发展和改革委员会、工商行政管理总局、税务局等）集中到同一地点，让投资者不用再各个部门来回跑，节省了很多时间。截至党的十八大以前，政务服务中心模式基本上已经在全国推行。但政务服务中心模式在推广过程中也出现了一些问题：由于审批权限仍归属于原有职能部门，使得行政相对人在政务服务中心和职能部门两头跑，审批材料也要进行"外部循环"，投资者到政府部门办事的程序并没有从根本上减少。

（三）全面协同阶段（党的十八大至今）

党的十八届三中全会首次在党的文件中提出"政府治理"和"营商环境"概念，并明确提出"建设法治化营商环境"。从此，"营商环境"逐步取代"投资环境"，多次出现在党和国家的文件及领导人的讲话中，对营商环境的改革也体现出政府经济治理的典型特征。

1. 参与主体呈现多元化趋势

党的十八届三中全会以来，很多地方的有关营商环境改革的领导小组开始升级，许多地方党委书记担任领导小组组长（如山东省、辽宁省各地市领导小组组长都是当地市委书记），亲自抓改革，亲手抓营商环境，可见各地对于营商环境的重视程度。同时，各地还通过以商招商、产业链招商以及提升群众文明素质、提高社会诚信水平来实现本地营商环境的整体优化。

2. 作用对象为所有市场主体

党的十八大以后，市场主体的概念开始代替企业、商家，频繁出现在政府工作报告、相关的制度文件中。优化营商环境的对象，不仅包括各类企业，还包括个体工商户和中小微企业在内的所有市场主体。市场主体概念的提出，有以下两方面的背景：

一是与国家创新驱动发展战略的纵深推进，尤其是"双创"的发展密切相关。自李克强2014年9月在夏季达沃斯论坛上提出"大众创业、万众创新"概念以来，"双创"已经成为国务院常务会议上和政府工作报告中经常出现的"热词"。如何让大众安心创业、让人人大胆创新，需要一流的营商环境与之配套。因此，营商环境的作用对象也开始从外资企业、大中型企业扩展到所有市场主体，重点为中小企业创新创业服务，简化创新创业的审批流程，以更好地激发市场活力。实践证明，这一举措极大地促进了我国经济的发展，从2013年至2021年4月，我国市场主体数量增长了1.6倍，达到1.43亿户，其中68%以上是个体工商户和小微企业。个体工商户和小微企业成为拉动就业、促进内需的主体，在整个市场经济运行中发挥着不可替代的作用。

二是与脱贫攻坚战略的实施、共同富裕目标的提出密切相关。世界银行前副行长经济学家迈克尔·克莱恩认为，单纯的援助方式并不能从根本上解决发展中国家的贫困问题，只有营造鼓励创业的营商环境，才能加快资本流动，促进经济发展和减贫。因此，世界银行从2003年开始，每年都会发布营商环境报告，对全球190个经济体的营商环境进行排名，以促进各地改善营商环境。从2012年到

2018年底，随着我国农村地区基础设施的改善及营商环境的优化，780多万人返乡创新创业，3100多万本乡人员创新创业，这对解决贫困人口就业、提高贫困人口收入起到了非常重要的作用。

3. 实施机制是营造制度软环境

为全面正确履行职能，政府在实行审批制度改革的同时，更加注重事中事后监管和政务服务流程优化，使"放管服"三管齐下，共同改善营商环境。这项改革一直延续至今，已成为各地政府优化营商环境的关键举措。从2013年至今，国务院连续召开专门电视电话会议，并由国家领导人亲自对每年的改革做出具体部署。与以往不同的是，这一时期开始把"放管服"改革中的成功经验上升到制度层面，为所有市场主体提供一视同仁的制度环境。第一个发布营商环境制度的省份是广东省。广东省在借鉴各个地方优化营商环境经验的基础上，针对世界银行营商环境指标体系，提出具体的行动计划。第一个发布营商环境行政法规的省份是辽宁省。截至2021年6月，已经有25个省发布了与营商环境相关的实施办法，没有发布条例的省份也处于征求意见阶段。通过政策法治化的形式，使各项改革有法可依，不再因为换领导而换政策，从根本上解决了原有招商引资中存在的政府公信力不足的问题。

4. 考核动力为营商环境指标体系

党的十八届三中全会提出："完善发展成果考核评价体系，纠正单纯以经济增长速度评定政绩的偏向。"与之相应的，对地方营商环境的考核内容不再局限于提高投资增长量的准入效率问题，而是扩展到市场主体全生命周期的所有业务。从2018年开始，中华人民共和国国家发展和改革委员会（以下简称"国家发改委"）在立足我国国情、对标世界银行评价指标的基础上，开始对我国的部分城市进行营商环境评价。2020年，国家发改委在总结经验的基础上，推出了18个符合我国实际的营商环境评价指标，对每个参评的城市进行评价，发布了第一份国家层面的权威性报告——《中国营商环境报告2020》。为了实现这18个指标的共同改善，各个地方政府进行了更大程度的改革创新。很多地方在原有政务中心的基础上，依据《中华人民共和国行政许可法》的规定，将所有前置审批权集中到一个部门，成立行政审批服务局，以提升项目投资审批效率。更多地方利用大数据、互联网，加快推行"一网通办""跨省通办"，减少企业和群众跑腿次数，提高办事效率。

二、改革开放以来营商环境的发展特点：政府经济治理现代化的必然要求

（一）参与主体越来越多元化

从一开始的地方政府招商引资，到后来行业协会开始发挥作用，再到后来以商招商、群众广泛参与，参与营商环境的主体越来越广泛，参与意识也越来越强。笔者2020年所做的营商环境调查数据显示，认为营商环境与每个人都相关的比例占到了86.69%，说明人们的责任意识越来越强、参与意识越来越高。

（二）服务范围越来越广

从专门为外资企业提供"超国民待遇"到此项待遇取消，从为外地企业专门服务到为所有参与投资的市场主体提供优质高效服务，

营商环境的服务范围越来越广，政府所提供的服务也越来越优质。同时，服务理念也发生了变化，很多地方开始摒弃官本位思想，真正从为企业和群众提供方便的角度出发进行各项改革。

（三）实施机制越来越完善

从政策招商到大规模审批制度改革，再到新时代的"放管服"改革，最后把经验、做法上升到制度，颁布《优化营商环境条例》，说明党和国家对政府职能和经济发展规律有了更加深入的认识。同样，随着国家层面《优化营商环境条例》的出台，各地结合自身实际出台了相关的实施办法和细则，优化营商环境的制度越来越完善，体系越来越健全，这些都成为国家治理体系的重要组成部分。

（四）服务效能越来越高

从专门为外资服务的外商投诉服务中心，到减少企业和群众跑腿次数的政务服务中心，再到把审批职能集中到同一部门的审批局，市场主体去政府部门办事需要跑的部门越来越少，流程越来越简化，所花费的时间越来越少。尤其是党的十八大以来，随着"放管服"改革的深入推进，政府部门的服务效率和质量有了显著提升，企业和群众的办事成本大幅度降低。需要明确的是，以上每个阶段的改革都是党和国家从当时的历史条件出发所做出的正确选择。改革开放初期，我国的主要任务是促进经济增长，尤其需要利用外国先进的技术来促进我国经济发展，因此党和国家适时提出"超国民待遇"来吸引外资。进入新世纪后，经济发展与社会建设"一条腿长、一条腿短"的现象越来越突出，党和政府开始注重行业协会的"桥梁"作用，强化政府的社会管理和公共服务职能，提出建设人民满意的服务型政府,并通过实施大规模的审批制度改革,把原来的外商投资服务中心升级为政务服务中心,为企业和群众提供"一站式"服务,提高人民满意度。进入新时代后,伴随着政府从管理向治理转变以及"双创"高潮的出现,投资者对于办事效率的要求越来越高,加之竞争越来越激烈,党和国家开始将所有市场主体作为服务对象,在各地组建行政审批服务局,实现"一枚印章管审批",同时利用大数据、互联网实现"一网通办""跨省通办",以提升市场主体办事效率,持续优化营商环境。从初步探索到目标确定再到全面协同,营商环境的变迁也反映了政府从经济管理到经济治理的必然要求,新时代优化营商环境也是推进政府经济治理现代化的题中之义。

第四节 "互联网＋政务服务"与营商环境的发展方向

一、"互联网＋政务服务"高质量发展的新方向

（一）以增强人民群众获得感为价值取向

2016年，习近平总书记在网络安全和信息化工作座谈会上曾明确提出，加快推进电子政务，鼓励各级政府部门打破信息壁垒、提升服务效率，让百姓少跑腿、信息多跑路，解决办事难、办事慢、办事繁的问题。2016年李克强在全国推进简政放权放管结合优化服务改革电视电话会议上强调，"要提高政务服务的效率，依托'互联网＋政务服务'，让企业和群众办事更方便、更便捷。"这为推动"互联网＋政务服务"高质量发展明确了价值取向。推动"互联网＋政务服务"高质量发展，要顺应时代要求和改革趋势，以满足人民群众的公共服务需求为目标，把增强人民群众的获得感作为发展的价值取向。从这个意义上讲，"互联网＋政务服务"是为了更好地满足人民群众公共服务需求所采用的治理工具和行动方式。因此，推动"互联网＋政务服务"高质量发展的每一项措施都应该围绕增强人民群众的获得感展开，离开人民群众的获得感，"互联网＋"和高质量发展都将无从谈起。

（二）以智慧化管理与服务为目标导向

从国内部分城市开展"互联网＋政务服务"的实践经验来看，上海市的"一网通办"、浙江省的"最多跑一次"，以及江苏省的"不见面审批"等独具特色的改革，从客观上看，是对运行"互联网＋政务服务"提出的指标性要求，其真正的目标是实现智慧化管理与服务。"互联网＋政务服务"主要是凭借智能化、数字化、信息化而发展出来的政务服务模式，融合地方政府智慧城市建设目标来实现智慧化管理，为企业和办事群众提供智能化的政务服务。第一，从智慧化政务服务的属性上看，要集中体现政务服务的公共性，就要从满足人民群众的公共服务需求出发，公平公正地行使公共权力，维护公共利益，提供人民满意的公共服务。也就是说，政务服务的一切行为和措施都应该体现"公共"属性，如果离开了"公共"两个字，就应该明确这不是政务服务范围内应该做的事情，而应该是市场的或是社会的事情。第二，从智慧化政务服务的本质来看，智慧化管理与服务至少要体现治理系统的整体性、互联性、公正性、开放性特征，因此需要大规模整合政府信息系统，通过政策引领，做到政务服务系统的全面感知、数据共享和系统融合。

（三）以适应党和国家机构改革的现实需要为引领

"互联网＋政务服务"将互联网信息技术与政务服务有机结合起来，以适应党和国家机构改革的现实需要为引领。党的十九届三中全会做出深化党和国家机构改革的重大决定后，截至目前中央与地方机构改革已经基本完成，并取得显著成效。从机构改革和政务服务的关系上来看，机构改革属于重新组装党和政府机构的"硬件"，政务服务属于优化升级党和国家机关的"软件"，两者之间是相辅相成的关系，必须互为基础，配套衔接，扎实展开。当前，各级地方机构改革已经基本完成。就地方来说，越到基层越直接接触企业和群众，所需要管理的具体事务越多，需要承担的管理与服务的职责越繁杂。"互联网＋政务服务"实现行政执法、行政审批、行政服务等方面职能的整合，适应了党和国家机构改革的现实需要，让企业和群众通过"互联网＋政务服务"懂办事、能办事、办好事，打通深化党和国家机构改革的"最后一公里"。

二、政府经济治理视角下持续优化营商环境的方向

当前，我国发展面临的环境更加严峻与复杂。从国际看，全球经济贸易格局正在发生深刻变化，全球主要经济体营商环境比拼日趋激烈；从国内看，我国正处在优化经济结构、转换增长动力的攻关期，还需要在培育市场主体、稳定市场预期上下功夫。要在错综复杂的国内外形势中赢得主动，必须从提升政府经济治理能力的角度出发，把持续优化市场化、法治化、国际化营商环境摆到突出位置，以更加开放透明、规范高效的制度机制应对风险和挑战，不断提升我国经济的吸引力与竞争力。

（一）基础：深化"放管服"改革，持续优化市场化营商环境

政府经济治理必须遵循市场规律。只有以市场化为基础持续优化营商环境，才能破除制约市场发挥作用的体制机制障碍，更大程度激发市场主体的活力，提高投资吸引力，不断增强发展新动能。当前，持续优化市场化营商环境的重点在于以"放管服"改革为抓手，推动有效市场和有为政府更好结合。

1. 以简政放权放出活力

"放"主要解决的是降低市场主体的准入门槛，简化市场主体办事手续的问题。因此，要根据市场主体的生命周期，进行全方位的改革。一是在市场准入环节，持续精减涉企准入事项，取消不必要的备案、登记、年检、认定等事项；加快推进"证照分离"改革，大力推进照后减证、并证，更好解决"准入不准营"问题；在法律、法规允许的情况下推行告知承诺制，降低投资建设项目的审批成本。二是在生产经营环节，改革生产许可制度，简化产品审批流程；用好货币政策直达工具，精准快速落实减税降费政策；支持国有银行特别是大型商业银行发展普惠金融，创新中小微企业信贷服务模式，切实解决中小微企业融资难、融资贵问题。三是在市场主体退出环节，畅通市场主体退出渠道，扩大市场主体简易注销范围，降低市场主体退出成本，以彻底解决市场主体"注销难"问题，加快市场新陈代谢。

2. 以创新监管管出公平

"十四五"规划纲要把"推进监管能力现代化"作为提升政府经济治理能力的一部分单独提出，再次凸显了监管在政府治理中的重要性。因此，要切实做好以下工作：一是健全以"双随机、一公开"监管和"互联网＋监管"为基本手段、以重点监管为补充、以信用监管为基础的新型监管机制。尤其要发挥科技手段的促进作用，推动人工智能向政府管理全面赋能。可推广上海市"互联网＋监管"的经验，通过监控探头、物联网等技术采集数据，运用大数据、图像识别等技术分析数据，努力实现各类风险自动抓取、智能研判和快速预警，充分发挥"互联网＋监管"的精准化和智能化优势；重点加强涉及人民生命健康和安全的食品、药品、特种设备、危险化学品等领域监管，对三新经济继续创新包容审慎监管，在坚守经济安全的前提下，支持其健康发展。二是深化市场监管综合行政执法改革。优化监管资源配置，加大执法队伍整合力度，通过跨领域、跨部门联动执法、协同监管，切实解决多头执法、重复执法问题，进一步降低市场主体的监管成本。三是加强社会力量监督。按照加快转变职能的要求，全面推进行业协会、商会、中介机构与行政机关脱钩，充分发挥行业协会、商会、中介机构在参与标准制定、推动企业自律、促进市场公平竞争方面的作用；充分发挥社会公众、新闻媒体的监督作用，支持更多公众和媒体对企业经营、行政执法等行为进行监督并及时曝光，倒逼政府提升监管能力，真正做到对守法者"无事勿扰"、对违法者"利剑高悬"。

3. 以优化服务服出效率

优化政务服务是更好发挥政府作用、推动有效市场和有为政府更好结合的重要举措。因此，要做好以下工作：一是加快推进政务服务标准化建设。从现有的改革情况来看，可分两步进行：第一步，支持各省政府借鉴河南省的经验，在本省实现申请条件、申报材料、服务标准等32个政务要素全省统一，构建全省统一受理体系；第二步，在各省全省统一受理的基础上，在全国推广政务服务多要素标准化，以减少行政自由裁量权和企业、群众办事"来回跑"问题。二是加快完善政务服务平台。充分发挥绩效考核"指挥棒"作用，鼓励各部委加快与地方政府信息共享，努力实现企业常规信息"最多报一次"，最大限度地减少企业跑腿次数；分类完成地方政务服务便民热线的归并，推动电子证照全国互通互认，使更多政务服务项目做到"网上可办""一次办好"。三是提升政务服务精准性。在标准化和平台完善的基础上，加快推行惠企政策的"免申即享"，即支持地方政府对国家、省、市、县四级惠企政策进行整合，通过信息共享使惠企政策与市场主体进行智能匹配，使符合条件的企业自动免予申报，直接享受政策。

（二）保障：加强制度建设，持续优化法治化营商环境

政府经济治理必须以法治为依托。只有以法治为保障优化营商环境，确保行政权力在法治的轨道上运行，始终做到依法保护各类市场主体的合法利益，才能营造稳定、公开、透明、可预期的营商环境，使市场主体放心投资兴业。当前，优化法治化营商环境的重点在以下三个方面：

1. 做好法律"立改废释"

优化营商环境是一项系统工程，需要各地区、各部门、各层级相关法律法规的协调支持。一方面，要紧扣改革需求，及时制定新经济、新业态、新模式监管，"一业一证"改革，告知承诺制等方面的实施方案和细则，弥补政策缺位带来的法律风险。另一方面，按照《优化营商环境条例》的要求，及时修改现行政策文件，确保同一事项管理标准统一；系统清理与《优化营商环境条例》不一致的文件和规定，加强过渡期新旧政策的衔接，确保改革方案落地生根，让更多市场主体共享改革红利。

2. 全面完善产权制度

产权制度对于激发市场主体创新创业动力、促进国家经济发展具有非常重要的作用。1973年，美国经济学家道格拉斯·C.诺斯在《西方世界的兴起》中指出，建立明晰的产权制度，进而通过制度安

排对发明创造的产权实行有效的保护和激励,是西方国家持续几个世纪经济快速增长的关键所在。因此,要把全面完善产权制度作为优化法治化营商环境的重中之重,加快健全现代产权制度。具体来说包括三个方面:一是坚持依法平等保护各类产权。按照民法典和相关法律法规的要求,始终坚持产权保护的平等原则,对国有、民营、外资等各种所有制企业实施平等的产权保护制度,以打造良好经济生态,激发各类市场主体的活力。二是健全产权执法司法保护制度。推动涉产权案甄别纠正常态化,稳住更多企业家的投资信心,保住更多的市场主体;健全涉政府产权纠纷问题解决长效机制,加强行政、执法、司法等的协同联动,依法妥善解决涉及政府的产权纠纷问题,进一步增强政府公信力。三是加强知识产权领域制度建设。可推广深圳市的经验,支持地方政府制定符合本地实际的知识产权保护制度,健全知识产权惩罚性赔偿制度,有效整合行政部门、司法部门、仲裁调解部门、社会组织等知识产权保护机构,加快完善"一站式"知识产权协同保护和维权援助机制,以激励更多市场主体创新创造,为知识产权强国战略夯实根基。

3. 健全社会信用体系

完善的信用体系是建设高标准市场体系的基础,更是形成高效规范、公平竞争营商环境的重要支撑。因此,要从健全市场体系的角度出发,进一步加快现代社会信用体系建设。具体要做好以下工作:一是完善市场信用法律法规和标准体系,健全政府信用监管机制,为完善守信激励和失信惩戒机制提供制度基础。二是优化信用管理技术。在实现全国信用记录格式统一化、数据标准化的基础上,加强跨地区、跨部门、跨层级信用信息整合、共享和应用,并利用大数据、云计算、区块链等技术,进一步增强信用分析能力,有效防范和化解市场主体信用风险。三是健全政务信用管理体系。加强政务诚信建设，健全政务信用记录，健全政府守信践诺机制，重点整治"新官不理旧账"等政府失信问题，严格追究政府失信责任，依法依规惩戒相关人员，构建政务诚信长效机制。

（三）目标：对标国际一流水平，持续优化国际化营商环境

政府经济治理是在开放的环境中推进的。以国际一流标准优化营商环境，优化市场主体"引进来""走出去"发展环境，不仅是加快构建双循环发展格局的重要举措，更是进一步扩大开放和提升国际竞争力的应有之义。因此，一定要以开放的视野，从经济全球化的大背景出发，对标国际一流水平，不断补齐营商环境短板，加速构建国际合作与竞争新优势。

1. 构建与国际通行规则相衔接的制度体系

近年来，我国营商环境排名大幅度提升，但与发达经济体相比，一些领域的管理制度和规则还存在差距。因此，要积极对接国际通用标准和规范，加快建立与国际通行规则相衔接的基本制度体系，不断提升我国营商环境的吸引力。具体来说，要做好三项工作：一是持续压减《外商投资准入负面清单》。根据建设更高水平开放型经济新体制的要求，在健全外商投资准入前国民待遇加负面清单管理制度的基础上，不断减少负面清单管理事项，进一步扩大"非禁即入"范围，确保外商投资合法权益得到平等有效的保护，推动对外开放继续向更大范围、更宽领域、更深层次发展。二是完善《中华人民共和国外商投资法》（以下简称《外商投资法》）相关配套制度。完善与《外商投资法》相关的信息报告、安全审查、不可靠实体清

单等管理制度,支持地方政府结合本地实际探索外商投资新机制并将成功经验向全国推广,以打通法规落地的"最后一公里"。三是为拓展贸易提供配套服务和政策支持。进一步降低关税总水平,明确通关口岸的收费、查验、检疫标准,减少跨境贸易的流通成本;推动海关、港口、市场监管等部门的信息共享和资源整合,以持续优化跨境贸易流程,减少跨境企业的办事成本。

2. 完善国际投资风险防控体系

这是助力企业参与国际竞争,使其在更高水平的对外开放中实现更好发展的重要保障。因此,要做好三方面工作:一是提高把握国际规则的能力。以《区域全面经济伙伴关系协定》(RCEP)的签署为契机,加强对各类开放平台规则的研究,支持企业利用国际规则进行战略规划,持续提升企业把握国际标准、进行国际投资的能力。二是提高开拓国际市场的能力。借鉴新西兰的经验,成立专门负责推动出口的服务团队,帮助出口企业寻找市场、对接客户、提供资源,帮助更多企业更好地走出去。三是提高防范国际市场风险的能力。完善环境保护、引资政策、技术门槛、争端调解等国际投资谈判的议题风险防御体系,重点完善金融风险防御体系,尤其要提高对跨境资本,特别是国有资本流动的监测和风险防控能力,确保对外投资的安全性和效益性。

3. 进一步提升对外开放平台的功能

打造层次更高、环境更优、辐射更广的开放新高地,是更好地利用国际国内两个市场、两种资源,提升营商环境国际竞争力的题中之义。一方面,赋予自由贸易试验区更大的改革自主权,稳步推进海南自由贸易港建设。以首创性、集成化、差别化的改革推进贸易自由化、便利化，大幅度放宽市场准入，全面提升投资审批的便利性，并通过法律形式复制推广改革成果。另一方面，推动共建"一带一路"高质量发展。通过发展政策对接、基础设施互联等方式，支持中西部城市成为全球重要加工制造基地和新增长极，推动区域开发开放高质量发展，以解决营商环境的地区不平衡问题，全面提升我国营商环境的国际化水平。

当然，市场化、法治化、国际化三者并不是孤立的，而是相互融合、相辅相成的。市场化不仅需要充分发挥市场在资源配置中的决定性作用，更需要发挥好政府的作用，让市场要素在全球范围内流动，这就需要政府的法治保障和进一步扩大开放。法治化的一个重要方面就是对接国际通行规则，以激发我国对全球市场主体的吸引力，这就需要以国际化为标准，以市场化为基础。国际化就是要促进投资贸易便利化，增强我国国际竞争力，这需要从市场主体的需要出发，对接一流规则，以市场化和法治化提升我国开放的层次和水平。因此，市场化、法治化、国际化是一体推进、缺一不可的。

第五节 "互联网+政务服务"对营商环境优化的作用

2019年《政府工作报告》中指出,要深化"放管服"改革,推动降低制度性交易成本,下硬功夫打造好发展软环境。

所谓软环境,是人们在特定的社会生产和交往中所创造和反映出的体制上和精神上的境况的总和,具有主体性、可感性、系统性、不可测定性和影响的持久性。软环境具有多维系统性,一个地方的发展软环境主要表现为政治、思想、服务、市场、法治、治安等各个方面,每个维度又具体细分为若干要素。地方发展软环境是由多方面因素决定的,其中政务环境和营商环境对一个地方的软环境具有重要影响,而良好的政务环境无疑是优质营商环境的重要组成部分。可以说,软环境的形成与一个地方政务服务水平、营商环境、社会文化等息息相关,对地方发展具有潜移默化的影响。软环境对一个地方的经济发展具有至关重要的作用。良好的软环境意味着优质的营商环境与政务环境能够有效地吸引资金、技术、人才,助推经济快速发展以及社会良性运行。而软环境较差的地方,招商引资和人才引进工作很难推进,在很大程度上会影响地方的经济、社会发展。同时,随着社会的开放和流动趋势进一步加强,各类人才在求职时不再局限于户籍所在地,而是更倾向于收入较高、生活舒适安全、自由开放的地区或城市,"用脚投票"成为人才流动的重要特征。正因如此,打造一流的软环境一直是地方政府的重要目标,也是中国经济社会发展的"密钥"之一。

现有研究表明,政务环境是地方发展软环境的重要构成要素。政府在完善城市发展软环境和优化营商环境方面发挥着主导作用,是打造地方发展软环境、优化营商环境的主导性和关键性主体。而"互联网+政务服务"对于提高政务服务效率、推进服务型政府建设、重构政府治理体系、提升政府治理能力、优化地方政务环境具有显著的促进作用。

毋庸置疑,"互联网+政务服务"对于打造地方发展软环境具有重要作用。那么,到底"互联网+政务服务"如何打造良好的发展软环境呢?笔者通过构建"赋权—增能"的分析框架,对"互联网+政务服务"打造地方发展软环境、促进营商环境优化进行系统分析,从理论上透视软环境的内在要素和"互联网+政务服务"的多维功能与意义,力图理顺两者之间的深层逻辑关系。

一、"互联网+政务服务"的赋权功能

赋权即赋予权利或权威,是一个增加个人权利、人际权利或政治权利的过程,其最终目的是使个人能够采取行动来改善自己的现状。"互联网+政务服务"打造地方发展软环境首先表现为赋权,即赋予民众、社会组织、企业等各项权利,不断增加市场主体和社会主体的活力,从而赢得经济社会发展的比较优势。

(一)赋予各类企业更加宽松的自主经营权

企业等各类市场主体是社会主义市场经济中的微观组织细胞,是经济繁荣的决定力量。过去,我国社会主义市场经济体制还不完善,民营企业的创办和经营长期受到烦琐程序的影响,企业办事不仅要来回跑多次,还需要跑多个部门,花费了大量时间与政府打交道,一定程度上影响了企业的创办与经营活动。企业的自主经营权长期受到限制,不利于地方营商环境的改善与经济社会的发展。"互

联网+政务服务"的实施,减少了注册企业的流程,为企业的经营活动"松绑",赋予了企业更加自主的注册和经营权利,不仅增强了企业的发展能力和活力,也节省了成本,为企业自由、稳定以及健康发展提供了良好的营商环境。通过互联网的技术赋权,企业获得了更大的发展自由和更广阔的发展空间,可以将更多的人力、物力、财力投入到生产经营活动之中。在获得自由行动权利的过程中,企业的盈利能力和发展能力不断增强,从而使地方政府经济社会的发展活力得到增强,获得更大的发展绩效。

(二)赋予各类社会组织更加自主的行动能力

一直以来,社会组织和政府有着千丝万缕的联系,随着经济体制改革和社会转型的不断深入,二者之间的关系也发生了比较微妙的变化。从总体性二元合一走向分化性二元合一。在我国,社会组织自始至终都对政府有较强的依赖性,其登记、审批、运营都受到政府的严格管理。"互联网+政务服务"的出现对社会组织的发展也产生了深刻的影响。就社会组织的组建、登记、审批而言,"互联网+政务服务"的运用,明确了政府的职责,重塑了办理的手续和流程,解决了信息孤岛问题,实现了各项业务线上办理和"一网通办",给社会组织的发展创造了良好的环境,有助于社会组织的发育。同时,"互联网+政务服务"增强了政府的透明度、公正性,转变了政务人员的思想观念,塑造了良好的政治生态,社会组织管理和运营的"灰色空间"被大幅压缩,有效地限制了政府权力的错位和越位,在很大程度上提高了社会组织的自主性和行动能力,赋予了社会组织更加自主的发展权利。

（三）赋予民众更加广泛的政治权利和社会权利

目前，民众参与政府治理、监督政府运行已经成为普遍共识，即政府并不是封闭的"黑箱"，而是开放的组织，政府决策必须有民众的参与，政府行政权力的行使也要受到民众的广泛监督。过去，由于信息的不对称以及缺乏参与方式和渠道，长期以来，我国民众的政治参与权利和监督权利难以得到有效的行使，政治参与和社会参与都表现出一定的冷漠倾向。人民监督权利难以全部落实，人民群众的获得感不强。"互联网＋政务服务"的实施，为民众的政治参与和社会参与提供了合适的工具和良好的渠道，赋予了民众更加实在的行动权利和能力，人们足不出户便可以了解政府公共事务，线上参与政治选举以及公共事务的协商。同时，人们可以通过互联网等新媒体途径，对政府进行广泛的监督，不仅加大了公共权力的透明度，也让宪法和法律赋予民众的监督权能够更好地履行，从而增强民众的主人翁意识，促进多元主体共治，优化地方发展软环境。

二、"互联网＋政务服务"的增能价值

增能是社会工作领域的专业术语，指通过各种方式提高社会弱势群体自身的能力以及改变其弱势的地位。在政府治理领域，"互联网＋政务服务"具有典型的"增能"价值，即通过信息网络技术的嵌入，在与企业组织、民众等服务对象的互动中不断提升政府的治理能力。"增能"也是"互联网＋政务服务"打造营商环境的重要途径，在运用信息网络技术提供服务的过程中，不断适应新环境、新对象、新情况，提升治理能力，让各类市场主体更直观地感受到政府的"善意"，从而吸引资金、人才、技术，为地方经济社会发展提供源源不断的生产要素。

（一）增强政府利企惠民的能力

为企业、为社会、为人民群众做好服务是现代政府的重要职能。传统意义上的政府受制于时间和空间、服务对象的多样复杂性、服务资源的稀缺性等，在为企业和民众服务的时候难免会顾此失彼，人民群众的获得感不高，企业也难以从中获得便利，影响了政务服务的供给规模和效率，不利于当地经济社会的发展。"互联网＋政务服务"借助计算机、互联网、大数据、云计算等现代信息网络技术，实现了跨层级、跨地域、跨行业、跨部门的一体化服务模式，打通了便民服务"最后一公里"，实现了网上"受理、办理、反馈"的线上服务和实体大厅线下服务的密切配合，有效化解了各类市场主体和社会主体"办事难、办事慢、办事繁"等问题。政府利企惠民能力的提高，实际上是地方营商环境优化的过程，营商环境的改善不仅提高了企业的经营效益，更有利于汇聚八方人才，促进地方发展。

（二）增强政府内部治理的能力

政府内部治理是指政府对自身各组织机构及人员的持续管理过程及其相应机制，涉及各部门、各级人员之间的相互作用，主要包括行政体制改革、政府管理创新、价值理念创新等诸多内容。我国政府组织机构庞大，纵向上分为中央、省、市、县、乡（镇）五级，横向上表现为众多部门并列，在实际运作中形成了"条块结合"的组织结构。长期以来，我国政府层级偏多、信息损耗、部门壁垒、条块分割、推诿扯皮为人们所广泛诟病，既增加了国家的行政成本，也不利于行政权力的有效行使，影响了政府的形象。"互联网＋政务服务"充分运用现代信息网络技术，对传统的政务流程进行再造和优化，通过信息化、智能化、数据化，打破时间和空间的局限，避免了层级过多造成的信息失真和耗损,促进部门协同、条块联动、跨界整合,优化了政府的内部治理结构,大幅提升了政府自身的治理能力。这不仅节省了大量的行政成本,打破了科层体制的封闭和僵化,提高了政府运行效率,更重塑了政府的形象,改善了地方营商环境。

三、案例分析:来自地方的经验

显然,"互联网+政务服务"从赋权和增能的两个方面促进了地方发展软环境的升级和营商环境的优化。如果说上述理论分析是从宏观层面论述"互联网+政务服务"与营商环境优化的关系,那么,以事实经验为依据,通过案例进一步验证这一发展逻辑就显得尤为必要。2016年以来,在中央政府的大力倡导和推动下,全国各省级政府迅速行动,根据地方特色进行了省级层面的顶层设计,取得了显著的成绩。由于我国区域之间发展不均衡,为使案例具有更强的代表性,笔者分别选取我国东部的浙江省、中部的江西省以及西部的贵州省作为分析对象,从经验层面进一步提炼"互联网+政务服务"促进营商环境优化的发展成效和作用机制。

(一)浙江省:"最多跑一次"

作为经济发达地区,浙江省的政务信息化起步较早,发展水平也相对较高。浙江省从2013年11月开始推行"四张清单一张网"改革,浙江政府服务网运行2年多,注册用户就达1200多万,后台工作人员账号超过10万。2016年底,为进一步深化"互联网+政务服务",浙江省提出了"最多跑一次"的改革理念,随后出台了《浙江省保障"最多跑一次"改革规定》《浙江省公共数据和电子政务管理办法》《政务办事"最多跑一次"工作规范》《加快推进"最多跑一次"改革实施方案》《浙江省数字化转型标准化建设方案》等文件。2018年11月,浙江省十三届人大常委会第七次会议审议通过了《浙江省保障"最多跑一次"改革规定》,对"行政服务中心的法律地位""重复提交材料、转嫁责任证明、办事时间长""信息孤岛"等群众反映强烈的改革难点和痛点问题,提供了立法保障。

从"四张清单一张网"到"最多跑一次",浙江省通过建设全省统一的政务服务事项库、简化优化政务服务流程、行政审批"一站式"网上运行、拓展网上便民服务功能,全面实现了政务服务网上办理;通过整合网上政务服务平台、线上线下政务服务体系融合、政务服务网向基层延伸、建立网上协同治理体系,实现了政务服务平台的升级与融合;通过创新技术支撑、政务数据整合共享和开放、基于数据共享推进应用创新,夯实了政务服务网支撑与保障体系。"最多跑一次"的改革使企业开办审批时间由8—9个工作日缩减至3个工作日,投资项目审批时间由150多个工作日减少为100天以内;省、市、县三级梳理公布的"最多跑一次"事项已分别占同级总事项数的100%、99.59%和99.21%。显然,浙江省的"最多跑一次"改革赋予了企业更加自由的注册和经营权以及公众更加便利的参与权,增强了各层级政府的治理能力,打造了良好的营商环境,保持了经济社会的良性、稳定与可持续发展。

(二)江西省:掌上"赣服通"

作为中部欠发达省份,江西省以着力打造营商环境为目标,以加快推进政府建设为抓手,大力推进"互联网+政务服务"。江西省早在2009年就启动了全省政务数据共享平台,并在2015年3月启动了江西政务服务网建设,在政务服务信息化方面具有较好的基础。

2017年5月,江西省出台了《江西省加快推进"互联网+政务服务"工作实施方案》,致力于规范网上服务事项、推进政务服务事项网上办理、规范网上政务服务平台建设、构建"线上线下一体化"的政务服务、夯实网上服务支撑基础、重点打造"一网三平台",完善了建、管、用机制,使全省所有与政府部门相关的审批和服务事项,都可实现"一网通办"。同时,设置了网上审批、电子监控、数据共享三大平台,实现了全流程在线处理、并行审批、信息共享、业务协作、实时电子监控。

在此基础上,江西省推出了"赣服通",全面优化和重构了已有服务应用,开发建成了全省统一"区块链+政务服务"基础平台。特别是"赣服通"6.0版创新引入人工智能(AI)、大数据分析、生成式AI等现代信息技术,打造了政务服务领域大模型。推出全国首个全场景、交互式智能办事模式,为服务企业经营、群众生活,管理用户数据,开展"智能客服"提供了智能化平台。江西省建成了全国首个全省统一的"区块链+政务服务"基础平台,实现了"不见面审批""无证办理",打通了涉企政策的"最后一公里"。江西省推行的以掌上"赣服通"为特征的"互联网+政务服务",初步实现了数据信息、高频服务、证件材料、常见费用、惠企政策、线下服务、智能客服等服务的"掌上办理"。截至2024年初,"赣服通"平台累计上线服务事项1.6万多项,实名用户突破5000万,累计访问量达85亿人次,整体服务能力居全国同类平台前列。"赣服通"平台使企业开办审批时间缩减到两个工作日,投资项目审批时间缩短了一半以上;省、市、县三级依申请类政务服务事项"一次不跑"或"只跑一次"比例分别达到95.3%、90%、86%,实现了群众办事"一键到位",群众满意率达到了99.8%。所有这些促进了地方营商环境的显著优化,为江西经济社会高质量发展注入了强大动力,经济增长速度始终保持稳步增长。

（三）贵州省:"一体化平台"

作为西部欠发达省份，贵州省近年来的经济社会发展势头迅猛，"互联网+政务服务"也走在了全国前列，成为西部地区政务服务信息化的一匹"黑马"。作为全国首个国家大数据综合试验区，贵州省为创新电子政务发展方式，整合各类政府应用和数据资源，充分发挥"互联网+政务服务"的作用，在2014年就成立了省政府政务服务中心，打造了全省统一的政务服务App平台。为进一步推进政务服务信息化，2017年以来，贵州省出台了《贵州省深入推进"互联网+政务服务"工作方案》等一系列政策文件和指导意见，致力于打造全省一体化"互联网+政务服务"平台。省政府政务服务中心围绕省委、省政府提出的"五全服务"目标，构建了网上办事大厅推动网上办理、实体政务大厅提供业务支撑、线上线下融合发展的全省一体化"互联网+政务服务"平台。

贵州省通过编制政务服务事项目录、编码化管理事项、优化网上服务流程、推进服务事项网上办理、完善并联审批功能、建设数据分析平台、探索智慧审批、全面公开服务信息，优化和再造了政务服务的流程工作机制；通过完善一体化"互联网+政务服务"平台、建设网上统一实名认证体系、推进实体政务大厅与网上服务平台融合发展、推动基层服务网点与网上服务平台无缝对接、强化基础设施建设和信息共享，建立标准化的运行机制、保障机制和监督机制，实现了"一体化平台"的全面融合发展；通过统一全省办事服务入口、打通与部门业务数据接口、加快部门政务数据开放共享、加快数据交换平台建设、探索政务数据资产化管理模式、保障数据安全、合理应用数据，实现了政务服务和大数据、人工智能的深度集成与应用。贵州省"一体化平台"的建设，使省级政务服务可办率达到了100%，变"多头跑动"为"一门办理"，推进了标准审批，变"群众跑腿"为"数据跑路",让民众办事更加方便,企业开办审批时间逐渐缩减至3—5天,群众用网满意率达91.3%,大幅提升了地方营商环境。

四、小结

显然,网络空间时代为"互联网+政务服务"提供了技术支撑,政府利用最新的信息网络技术进行流程再造、业务重组和线上服务,不断将"放管服"改革引向深入,进一步提高了政务服务的信息化和标准化水平,服务效率和服务意识明显提升,增强了群众对政府的信任以及人民的获得感。在"赋权—增能"分析框架下,我们可以清晰地看到,"互联网+政务服务"为企业、社会组织和公众赋权,为政府治理和社会治理增能;企业和社会组织的自主创办和经营权利被逐渐放大,公众的政治参与和监督权利有了更好的实现渠道;政府从内部治理到外部的公共服务供给都进行了全面转型和升级,治理能力实现了质的飞跃。可以说,"互联网+政务服务"通过赋权与增能两个路径,优化了地方发展的政治生态、思想文化、公共服务、市场发育、法治公平、社会秩序等软环境,从而推动了经济社会的可持续发展。

通过对东、中、西部三个具有代表性的省份的"互联网+政务服务"发展状况进行系统分析可以看出,地方政府推进政务信息化的步调不一、发展不均衡,东部地区发展水平要高于中西部。但是,一些中西部地区的欠发达省份(如贵州省和江西省)在政务服务信息化水平上仍然处于全国前列,可见政务服务信息化水平的高低与经济发展水平并没有必然的联系,而与经济社会发展速度息息相关。这也用事实经验证明了"互联网+政务服务"能够有效地打造地方发展软环境，助力经济社会的可持续发展。实际上，"互联网＋政务服务"之所以能够打造地方发展良好的软环境，是因为其实现了政府的整体性治理、开放性治理、协同性治理和智慧性治理，加快了政府治理现代化的发展进程。这种问题导向和价值导向合二为一的系统性改革，全方位激发了政府的角色意识和服务功能，从更深层次塑造了全新的政社关系和政经关系，社会活力和经济活力被焕发出来，形成了经济社会发展和政府治理改革的良性循环。

第二章　我国"互联网＋政务服务"建设现状

党中央、国务院从推进国家治理体系和治理能力现代化全局出发，切实践行以人民为中心的发展理念，大力推进数字政府建设，建设以国家政务服务平台为总枢纽的全国一体化政务服务平台，我国互联网政务服务用户规模不断增长。截至2020年12月，我国互联网政务服务用户规模达8.43亿，占全国网民整体的85.3%，"零见面、零跑腿、零成本"成为我国数字化政府建设的强劲动力。2023年，随着社会、经济常态化运转，"互联网＋政务服务"日益凸显其重要性，"互联网＋政务服务"的种类及人次均有显著提升。

第一节　我国先进地区"互联网+政务服务"建设经验

一、上海市"互联网+政务服务"建设经验

"一网通办"是上海市首创的政务服务品牌，是"互联网+政务服务"的成果展示。2018年7月1日，"一网通办"平台上线试运行；2020年，"一网通办"入选联合国全球电子政务调查经典案例。在国家行政学院发布的2020年度《省级政府和重点城市一体化政务服务能力调查评估报告》中，上海市排名全国第一。截至2021年7月，上海市"一网通办"已累计推行改革举措357项，"一网通办"平台接入事项达3197项，公共服务事项数量已超过行政权力事项，累计办件量1.5亿；"一网通办"移动端"随申办"月活峰值超过1517万，"随申码"服务累计使用超37亿次；"一网通办"实际办件的网办比例已经超过70%，推进"两个免于提交"，电子证照库已归集604类高频证照，总数突破1.4亿张，调用量突破5.3亿次，办理时限平均减少62%，提升了办理效率。企业和群众对"一网通办"的满意度明显提升，好评率达99.96%。2021年，上海市发布了《深化"一网通办"改革 构建全方位服务体系工作方案》，总结了"一网通办"前三年的经验，规划了新三年的改革创新任务，具体表现为"三个转变"。

（一）从技术驱动向制度驱动转变

前三年，主要通过技术驱动撬动改革。新三年，是"一网通办"升级版。2021年6月23日，上海市通过《上海市人民代表大会常务委员会关于进一步促进和保障"一网通办"改革的决定》（以下简称《决定》），2021年7月1日起施行。《决定》对"一网通办"改革的创新举措以人大立法的形式予以固化，并明确下一步的改革方向，进一步探索更好的上海政务服务模式。

（二）从政务服务向公共服务和便民服务转变

将"一网通办"服务理念和创新服务模式向公共服务、便民服务拓展，围绕个人事项，打造从出生到养老的数字生活服务体系，包括医疗、交通、教育等十二大领域；围绕企业经营全周期服务，打造国际一流的营商环境服务体系，包括企业开办、纳税、金融等六大领域。与此同时，要打造上海的超级移动端"随申办"，拓展"随申码"应用。在医疗卫生领域，继续深化医疗付费"一件事"改革，节省挂号、付费等排队时间，推进医保卡和医保就医记录册"脱卡、免册"应用。在交通出行领域，推进"随申码""公交码"与"地铁码"三码融合和"一码出行"。在酒店入住领域，推进酒店数字化转型，依托"随申码"实现旅客快速刷码入住。

（三）由以政府部门管理为中心向以用户为中心转变

聚焦企业和群众普遍关注、需求集中的领域，以使用者的感受为导向，优化服务流程，提升服务实效，把用户体验作为衡量服务质量的唯一标准，推进服务"有求必应、无事不扰"，服务绩效由企业和群众评判。推进"高效办成一件事",实现减环节、减时间、减材料、减跑动。各级政务服务大厅实施"综合窗口"改革,从"进一门"到"进一窗",全面实施"前台综合受理、后台分类审批、统一窗口出件"的综合窗口改革。试点"好办""快办"服务,聚焦高频事项,对于复杂情形,为企业和群众提供"个性指南+智能申报"的全过程智能办理,辅助"好办"服务;对于简单情形,提供"3分钟填报、零材料提交"的极简易用"快办"服务。创新"一业一证"改革,在浦东新区率先开展"一业一证"改革试点,推动实现"一证准营",大幅降低行业准入成本。

二、杭州市"互联网+政务服务"建设经验

杭州市依托"城市大脑"中枢,从构建新型的"亲清"政商关系破题,在"亲清在线"平台总框架下,将无感智慧审批纳入城市智慧管理体系中,全力开发建设"行政许可"板块,打造"线上行政服务中心",以"一键审批"结果为导向,通过流程再造、数字赋能、系统优化,构建数据协同、全程在线、便捷高效的"行政许可"系统。让群众和企业办事像网购一样方便,最终实现"零纸质""零人工""零时限""零跑次"的"四个零"无感智慧审批,将服务直达基层、直达民生,成为在线政务服务全国新标杆。

(一)构筑"平等互信"的政商交流新渠道

"线上行政服务中心"致力于构筑政府和企业"平等互信"的交流关系,两个主体履行各自的职责和责任,不再是管理和被管理的关系,而是以"亲清服务"重塑政企平等关系,以信用互诺建立政企互信关系。

（二）运用"数字赋能"的服务治理新手段

"线上行政服务中心"的实质是数字化转型对服务型政府的全面赋能，开启了政府以数字治理为核心理念的自我变革。以数据协同实现服务直达精准，以流程再造实现机器换人，以数据治理实现全程可信。

（三）建立"诉求导向"的政策设计新模式

"线上行政服务中心"是体现"以人民为中心"价值理念的直接窗口，随着"互联网+政务服务"的不断完善，从企业诉求出发的政策制定、兑付、评价、交流的服务闭环逐步构建成型。通过政企间的高频互动交流，政府能更全面深入地了解企业的发展状态和诉求，找准服务企业、群众的切入点和着力点，从而更有针对性、更精准地制定政策。在政策实施过程中，实时掌握政策效果和企业诉求的变化情况，可及时调整政策，更好地发挥政策绩效。

（四）树立"始终在线"的行政服务新标杆

"线上行政服务中心"推动涉企服务事项不仅"一站可办"，更"一键直达""一次不跑"，让企业办事像网购一样方便。以"企业工业项目全流程审批服务"为例，该服务通过最大限度信息共享、最小限度人工干预，实现了全程智能、无感审批的投资项目审批"小时制"，让企业从烦琐的行政审批程序中解脱出来，有更多的时间和精力创新发展。同时，也让基层部门得以松绑减负，有更多精力服务企业，为企业创造更便捷、高效的营商环境。

（五）维护"亲而有界"的政商廉洁新环境

"线上行政服务中心"从客观上推动了政策向公平覆盖、普遍受惠转变，有效压缩了自由裁量空间，制约了违规用权行为，构筑了"不能腐"的堤坝。一方面，以审批"机器换人"重构权力运行模式。政策审核和行政审批由平台在线数据比对"审核"，避免了人工干预，有效消除了廉政风险。另一方面，以数据"全程可溯"构筑"不敢腐"的堤坝。借助区块链技术，每一笔政策兑付和每一次行政审批的数据实现全程留痕，每一笔资金流向、路径都可在线追溯。企业对政府行为和服务可实施在线监督，使得政商关系更加扁平化，权力运行轨迹一目了然，更加透明。

三、S市"互联网+政务服务"建设经验

（一）"互联网+政务服务"建设与运行情况

1."互联网+政务服务"的建设情况

S市经济技术开发区行政审批局成立于2017年3月，2018年2月建成政务服务中心并全面投入使用，中心建筑面积16000多平方米，业务主要包括"放管服"改革、行政审批服务、代办服务（含重大项目及一般项目）、公共资源交易以及政风行风热线工作。目前中心承接省、市赋权事项187.5项，集中划转（进驻）事项734项，下沉公共服务事项126项；共有进驻部门19个，集中事项734项，其中划转事项91项，进驻634项，委托9项。经调查，截至2021

年12月，政务中心共有工作人员176人，30岁以下的占42%，30至40岁的占34%，40岁以上的占24%；其中在编人员占25%，合同制人员占17%，劳务派遣人员占58%。

政务服务中心大厅一楼、二楼、五楼为进驻单位，三楼、四楼为行政审批局科室。一楼设企业开办综合服务区、不动产服务区、金融服务区、24小时自助服务区、便民服务区；二楼设税务服务区、公安综合服务区、婚姻登记服务区；三楼设预审导办服务区、受理发证服务区、供电服务中心、投资建设审批科、市场准入审批科、重大项目办公室；四楼设审批局综合科、审改科、督查信息科、公共资源交易中心、招标办等；五楼设审图中心。目前已完成镇（街）为民服务中心、村（社区）便民服务中心标准化建设，搭建三级行政审批平台，已完成6个为民服务中心和63个便民服务中心的标准化改造，基层标准化政务服务体系已成形；探索"全域通办""全科政务"，目前已梳理民政、社保等60多项高频服务事项，让群众办件不受户籍地限制，在辖区内任何一家为民服务中心、便民服务中心任何一个窗口都可以办件。

大厅设置24小时自助服务设备18台，企业和个人可以随时办理社保、税务、公积金、契税、房产证明、个人征信等业务；2楼和3楼大厅设置了38台自助电脑和导办电脑，方便企业和个人网上办理业务。1楼大厅设置便民服务中心、母婴室、阅读区等，配备了雨伞、轮椅、手机充电站、基础医疗药品等为办事群众提供的贴心服务；在业务办理高峰期采取延时服务、预约服务、网上服务等；对于年纪较大或不便出行的群众提供上门服务，让办事群众感受到暖心、贴心的政务服务。

政务中心建立了考核制度、考勤管理制度、问责制度等13项制度，建立值班长制度，日常巡查落实各项制度；制定窗口服务规范，前台业务咨询及办理严格采取首问负责制、一次性告知制，提升百姓办事体验感和满意度；加强作风巡查，严格落实中央八项规定精神，深化形式主义、官僚主义专项整治，认真排查廉政防范点，构建亲清政商关系，打造营商环境新高地。政务中心设立咨询投诉热线、值班长接待室、值班信息电子公示栏等，处理群众投诉和意见建议，确保事事有回音、件件有落实；举办企业座谈会，深挖企业诉求，深入了解企业在项目审批、代办服务等环节中的诉求和遇到的问题，将企业反映较多的问题，集中梳理并制定可行方案，为企业提供更优质、高效的政务服务。

2."互联网+政务服务"的运行情况

2018年S市经济技术开发区网上政务服务旗舰店已投入使用。依托网上政务服务平台，已构建不见面审批绿色通道，将政务服务大厅排号预约、社会信息发布、企业代办服务等多功能全面整合，完成省"一网通办"平台接入工作，实现百姓办事从"面对面"到"掌上办"的转变。已编制上传3406项权力事项清单管理及服务指南，公布336项不见面审批清单，实现"外网受理、内网办理"，实现"网上服务+EMS快递+自助取证"服务模式。将标准化事项清单梳理作为改革的起点，以"一站式"审批平台为依托，行政审批局整合182个高频事项导入政务审批系统，构建"办理事项、办理流程标准化，前台综合受理，后台统一审批"的新模式，实现企业、群众办事"一网通办"。

"互联网+政务服务"红利持续释放，标准化事项清单与审批系统对接应用后，部分专业人员可调整至后台审批复杂业务，审批效率可提升5倍以上。经调查统计，行政审批局2018年至2020年3年网上政务服务事项办件量约10.1万件，其中市场准入审批科办件量约9万件，投资建设审批科办件量约1.1万件。2021年全年网上办理新登记企业3164户，与上年相比增长38.94%，与2018年相比增长40.9%；网上各类办件54274件次，企业档案查询3507余次，入库档案6250余册，数字化扫描档案5680余册。2021全年网上办理项目发包260项，新开工建筑面积394万多平方米，造价约125亿元；网上办理合同归集200余项，一窗收费约2亿元；网上办理施工许可93项，竣工备案37项；网上办理项目立项614项，环评审批68项，环评预审200余次，人防审批45项，面积约16.1万平方米，收取人防易地建设费5012万元；减免城市基础设施配套费1.53亿元，惠及企业60家；积极应用《环评区域评估报告》成果，平均为每个项目节约2周环评编制时间，共为企业节约相关费用30万余元，真正做到了为新办企业送服务、为园区企业送实惠。

六大便民政务服务工作已开展。第一，行政审批局对重点工程和重大招商项目实行专班办理，由代办中心人员对重点项目进行联合导办、帮办代办、联审联办，以最优路径提供"保姆式"的代办审批服务，快速有效推进重点项目和重大工程落地开工。第二，实行非工作时间预约办理。通过提前预约，可以在午休和下班后为企业和办事群众办理相关业务，有效解决了上班职工在上班时间无法请假外出办理业务的问题。第三，实行当日业务延时办理。对已到下班时间但是还没有办完业务的群众，窗口人员提供延时办理服务，做到办件当日及时办结、复杂的事项业务完成受理程序。第四，实行业务高峰期加班办理。当遇到不动产、税务、婚姻登记等业务高峰时段，为方便企业、群众在周末和节假日办理业务，窗口人员利用法定节假日和周末时间加班为企业、群众办理业务。第五，实行特殊需求上门办理。对于因各种原因而不能到政务大厅现场办理的群众和企业办事人员，窗口人员将根据业务需要提供上门办理服务。

第六，免费提供邮寄和复印业务。在办理业务过程中，如办事群众需要材料复印，并且证照结果材料需要邮寄到家，将免费提供相应的服务。

行政审批局对接到的咨询、投诉、建议等，第一时间进行研判、分发与跟进；对涉企涉民政策法规，及时上传热线平台；对省、市两级平台提出的问题，及时进行反馈。2021年全年12345政风热线平台累计受理各类工单36100余件，办结35957件，工单量较去年同期增加了97%，直接办结率为99.41%，整体满意率为92.24%，平均办结时间为3.81天。电台行风热线上线问题45件，办结率100%，办件质量明显提升，办件效率显著加快，市民反映的各类问题能及时得到有效的解决。

（二）"互联网＋政务服务"改革举措

2018年至2021年底，在"互联网＋政务服务"建设发展的道路上，S市经济技术开发区行政审批局先后进行了不见面审批、并联审批、容缺预审、一窗收费、证照分离、一档制、一业一证、多评合一、区域性联合评估、一网通办、工程建设项目审批制度改革、一件事一次办、告知承诺等一系列改革，开始全面启用"e窗"平台，在"平台功能完善、标准事项梳理、创新服务模式、科室职能调整、大厅布局改造"五个方面协调联动，打造政务服务事项"前台导办、一窗受理、分类审批、综合发证"的工作模式，编制了《S市经济技术开发区关于进一步深化行政审批制度改革的实施办法》《S市经济技术开发区"一业一证"改革实施方案（试行）》《工程建设项目"拿地即开工"实施方案（试行）》《S市经济技术开发区优化社会投资小型低风险工程建设项目审批服务实施方案（试行）》等改革创新工作实施方案。

截至2021年底，S市经济开发区一系列改革初见成效：一是基本全面实现了"注册即开业"，即实现企业开办"立等可取"，在全市率先推行工商登记全程电子化、"证照分离""证照联办"改革，实现零材料申报、压缩办理时限75%；二是"闭环审批"在全市处于领先水平，率先在全市启动不动产登记"一窗受理、集成服务"模式，实现交易、登记、契税、公积金全链条"闭环审批"，部分业务最快半小时可办结；三是基本打通了政务服务"最后一公里"，下沉公共服务事项129项，全域通办事项45项，实现涉民事项"就近办""随心办"，基本构建起高效、畅通、舒心的"15分钟便民服务圈"；四是已实现降低行政事业性收费，根据经济技术开发区管委会制定的《S市经济技术开发区城市基础设施配套费减免政策实施办法（试行）的通知》精神，2021年共减免城市基础设施配套费1.5亿元，进一步降低了工业企业的时间成本和经济成本；五是开创了5×24小时便民惠企120服务，打造响应及时、沟通无忧、快速解决、专属定制、安全精准的群众投诉建议反馈渠道，实行全天24小时自助服务的"不见面审批"。

目前，S市经济开发区正在推进如下改革：

一是创新推行"e窗行"改革。搭建"e窗行"平台，以受审分离模式为蓝本、3万余条标准化审核要点为支撑，标准化、个性化、人性化开发导办、预受理、综合受理等9个主功能模块和38个系统流程支撑功能。利用平板电脑等移动终端设备，将"颗粒化"事项和审查要点、审核标准、材料范例进行全面数据化，推进政务服务向"精细化、标准化、数字化"转变，逐步实现材料提交"只需一次、终身受用"，流程进度"全程可视"，"部门流转"无缝衔接。事项标准化，在省政务服务网标准化事项清单基础上，完成市场准入、项目建设和社会民生等3大领域14类业务的247项高频事项清单梳理，形成2680个标准化指南，包含标准化审核要点30000余条，减少和限制行政审批和服务人员的自由裁量权，实现同一事项"无差别受理、同标准办理"。"e窗行"平台功能不断优化，实时更新运行系统联动叫号、批量业务处理、随机题库练习、业务考试计分等。目前已入库事项近800个，完成高频事项材料梳理2869件，审查点32513条，各环节数据为业务留痕、提升和完善提供了重要的参考依据。

二是创新"肩并肩"服务模式。通过"预审导办"服务前置，结合大厅升级改造，将原"封闭式"窗口转变为"咨询导办+自主申报+综合受理"无柜台"开放式"服务专区，率先实施"受理大综窗、业务大融合、服务肩并肩"，充分激活审批要素、大幅减少材料提交、高效盘活沉淀数据，实现服务模式由传统的"面对面"转向"肩并肩"，业务模式由专科受理转变为全科通办。截至2021年底，"e窗行"运行以来共完成业务导办30439次，综窗事项受理29511件，已办结24157件，服务企业9221家，发放证照58类，归集13144个证照信息，与同期比，材料压减40%，效率提高近一倍。

三是创新推行"一件事"改革。以为企业、群众办好"一件事"为目标，着眼于企业、群众急需急盼的高频事项，依托"e窗行"平台和事项标准化成果，整合打包相关审批事项，提供主题式、套餐式服务，由事项牵头部门通过"e窗行"平台统一受理，配合部门分头办理，业务办理全流程只需一表申请、一套材料、一次提交，实现全流程线上办理"一件事"。目前，在初步完成自然人全生命周期17项"一件事"的基础上，重点推进企业全生命周期"一件事"事项整合，推出"企业开办""企业注销""我要建工业生产厂房""我要办竣工"等60项"一件事"。

四是创新推行"拿地即开工"改革。全市首推项目导办预审制，提供从招商洽谈到工程验收全流程专业导办预审，提前解决审批中的堵点问题，集成定制审批工作方案，为重大产业和重点招商项目落地全线护航，实施"强前期、并环节、零停顿、缩时限、快审批"的工作举措，目前已免费为83个项目提供各类区域评估报告共115次，平均每项为企业省时10—15天。创造性将"拿地即开工"审批全流程分为前期准备、预审批、证件核发三个阶段，通过告知承诺和容缺预审制度，确保企业获得土地证后两个工作日内即可获得施工许可证，办理时限提速90%以上，从项目立项到施工许可全流程材料精简改革后，材料提交数量最高减少106个，精简率最高达61.96%。

五是创新推行"一业一证"，深化"证照分离"改革。深化商事制度改革，大力推动"先照后证"。开展"便民利企"专项行动，深入推进开办企业0.5个工作日办结常态化。在"全程电子化、全量半天结、全面零收费"上下苦功、做实功，不断加快企业开办"全链通"一网通办标准化建设，建立"事前引办、事中导办、全程代办"服务模式，流程再优化、环节再压缩、材料再减少，做到企业办事"零障碍"，行政审批"零超时"。创新应用"一业一证"制度，在企业准营环节（取得营业执照后），将一个行业经营所需的多个行政许可事项，整合为一张载明相关行政许可信息的综合许可证。以开办药店为例，涉及办理药品经营许可、食品经营许可证、二类医疗器械备案、三类医疗企业许可等5个行政许可（备案）事项，以前需要递交74份材料，34个工作日办结，改革后平均审批时限压减近90%，申请材料压减近80%。全面实现"照后减证"，实现"审批跑一次、只发一个证、监管全区认、档案一并管"，"一证无忧"，不断激发市场活力。以一证"集成审批"促"集成监管"，避免多头监管，重复监管，加大监管协同力度，构建联合惩戒机制，实现监管效能最大化，将对企业的生产经营影响最小化。

六是打造"紫薇花红"党建＋服务品牌。以品牌建设凝聚人心,将党建引领与政务服务工作紧密结合,形成"123"党建工作模式,制定《政务服务中心业务培训方案》及《文体活动方案》,以"金龙湖微讲堂"为载体,强化党史学习教育、业务培训、技能实践,定期举办党建带团建、职工趣味运动会等文体活动,不断唱响凝聚人心、激发干劲的主旋律。以支部共建扩大影响力,在支部建设上共商、在业务开展上共建、在活动交流上共享。以团队建设汇聚合力,"紫薇花红"党员团队上门服务,深入企业现场一线,为群众和企业现场解决困难,带头做好便民利企政务服务。不断修订完善《进驻人员管理办法》,动态优化《综合绩效考核细则》,树立鲜明导向,培养团队意识,逐级压实考核责任,形成"全中心一盘棋"局面,改革创新协同发力。

七是创新推行"审批服务专办"改革。成立审批服务专业指导组,针对重大产业项目审批高频事项,通过"会商会办"协同推动立项、环保、土地规划、消防、建设等多个部门互联互通,实现项目清单、环节双集中,审批时限、效率双提速。打造上线"两重一实"项目全生命周期管理平台,对于重大招商项目开展全流程精准服务,建立节点预警机制,强化现场办公、一线答疑,通过开展事前介入、事中帮办、事后跟踪的"保姆式"服务,从企业和办事群众的个性化需求出发,提供定制式服务,帮助企业完成注册登记、土地规划手续、项目建设前期手续等全流程业务,实现项目从洽谈、落地到投产、运营全生命周期管理服务。平台设置了六大模块,每个模块都增加了预警提示功能,在项目招商、洽谈签约、项目手续办理、开工、投产、考核等不同阶段模块,具体由责任人设置时间节点和完成时限,形成工单进行跨部门推送,经办人将办理结果上传平台,平台自动生成项目全生命周期管理驾驶舱,并依据办结时限形成项目管理红绿灯路线图,每个节点提前或滞后完成都会提醒天数。项目全生命周期管理平台分外网、电脑 PC 端及手机 App 端。外网实现了代办不见面，内外网贯通，以手机短信和平台工单形式提醒。基于地理信息系统技术，图形化展示经济技术开发区重大产业项目分布，进行 720 度 VR 全景展示现场进展。建立"一企一档"电子台账，形成一套完整的电子审批证件及现场全程留痕；平台所有数据均形成了大数据分析图，实现了服务项目数字化。

第二节　我国"互联网＋政务服务"建设存在的问题及成因

一、"互联网＋政务服务"建设发展中存在的问题

（一）法律法规不完善，服务标准难统一

1. 法律法规没有及时根据政务服务改革进行调整和完善

一方面，由于受到法律规范、业务平台多部门的协同等因素制约，事项划转集中后，手续烦琐、信息不共享、审批效能不高等问题依然存在。审批环节"物理整合"多，全面融合少。多部门审批程序时，各部门都按照自己负责事项业务原有的相关法规规章操作，导致政务服务事项办理互为前置、循环审批、流转时间长，纸质材料与电子材料需要同时提供，同一事项在不同业务部门重复提交等现象比较普遍。另一方面，2022年3月1日起施行的《中华人民共和国市场主体登记管理条例》及《中华人民共和国市场主体登记管理条例实施细则》规定，市场监督管理部门是法定登记机关、法定主管部门，地方各级市场监督管理局是地方登记机关。但在很多地方，市场监督管理局已经将营业执照等市场主体登记权力事项划转至行政审批局，这就与国家法律法规相冲突。

2. 服务标准难统一

推行"放管服"改革，很多跨区域事项需要通办，但是不同地区的服务标准不同，提交材料的要求不同，同一地区行政审批服务事项信息要素还不够精细，不同人员受理和审核标准不统一，造成通办难办。以行政审批局市场准入科企业迁入业务为例，受理的迁入企业来自全国各地，且各地区对迁入函格式标准的规定也各不相同，所以无法制定统一的受理标准，给事项通办造成困难。

（二）政务中心人员统一管理和考评难度大

目前政务中心人员主要分为行政审批局工作人员和其他部门单位进驻人员，人员身份分为行政编、事业编、合同聘任制、劳务派遣制等不同类别，劳务派遣制人员占大多数。窗口工作人员直接服务一线办事群众和企业人员，时间不自由，业务水平和整体能力要求较高，但劳务派遣制人员薪酬待遇低，分属不同部门，人员流动性较大，人员工资绩效不是审批局管理，无法执行薪酬奖惩制度，不能实现真正意义上的统一管理。审批窗口和后台办公室工作按照不同业务类型和岗位职责划分，业务数量和业务难度很难绝对平分，高低频事项客观存在，不同业务标准不一，经常会出现忙闲不均的现象。例如，水务、电力、公共自行车等窗口办件量比较少；市场准入科的公司设立变更注销登记等相关业务办件量较大；投资建设科环评业务虽然每年平均办件量不多，但业务难度较大、流程较为复杂；督查科、审改科、综合科办公室负责其他非审批类的业务，无法用办件量和业务难度进行衡量。目前对窗口服务人员的考评管理办法是根据一些上级部门出具的窗口服务标准规范进行考评，如日常考勤打卡、着装打扮、服务用语和礼节等，没有设置定性定量的、科学合理的考评标准，而对于其他部门的人员，行政审批局只能进行形式上的管理。

（三）审管联动衔接不到位，存在监管盲区

当前，相对集中行政许可权改革正由"审批式管理"向"审管分离、审管联动"转型，"集中审批+专业监管"是审管关系的重要组成部分，审管分离和审管联动作为改革的新产物，没有成熟可行的经验可以直接借鉴，需要系统梳理审批和监管的权责边界，明确审批和监管的具体范畴和责任，坚持把法治化的监管和差别化的审批服务紧密结合，形成审管联动、有机衔接、协同推进的新模式。调研发现，对取消审批、审批改为备案、实行告知承诺的行政权力事项和清理规范行政审批中介服务事项，没有逐个事项明确监管措施，没有明确各方监管职责和边界，不少主管部门还是按照惯性思维坚持"谁审批谁监管"原则，或者一味强调自己部门没有执法权、没有处罚权、没有具体的监察实施管理办法，主管部门出现简政减责、一交了之的现象，责任意识不强，以主管部门人手不够、不掌握需要监管的具体内容为由消极对待，人为制造监管"盲区"。政务服务中心审批部门通过OA平台、微信群、QQ群等方式，将需要监管的审批结果推送告知监管部门，出现一推了之的现象，监管部门是否接收，是否继续跟进监管，不得而知。审管联动衔接不到位的情况普遍存在，导致违规开工想补办手续的企业无法获得主管部门出具的整改处罚手续，审批部门没有补办相关建设手续的依据，导致企业项目手续办理进展缓慢。如果监管部门能及时去项目现场监督，敦促企业在项目开工前或实施过程中完善相关手续，就可以在很大程度上避免项目后续的问题。

（四）业务主管部门之间难以有效沟通与协调

行政审批局承接的政务服务事项涉及很多原来的业务主管部门，以行政审批局投资建设科为例，从项目立项到竣工验收，中间的审批环节很多，审批业务涉及发展和改革局、生态环境局、自然资源和规划局、住房和城乡建设部等多部门。在日常项目审批服务过程中，由于项目情况复杂、历史遗留问题众多，很多项目都需要在审批服务过程中与业务主管部门沟通协调，有的还需要与上级业务主管部门协调。但是，很多业务主管部门相互推诿，存在"踢皮球"现象，严重影响了政务服务的质量和效率。按规定，业务主管部门应当对行政审批局对应的审批业务工作给予业务支持和指导，但业务主管部门不能将业务相关法律法规和政策文件调整及时告知政务服务审批部门，导致从事政务服务的窗口人员和后台审批工作人员不能及时了解业务相关政策变动，存在一定的审批风险。

（五）工作人员工作效率、综合业务水平不高

自各地行政审批局成立以来，随着"互联网+政务服务"改革的不断深入，越来越多的政务服务事项将不断集中至政务服务中心，这将需要更多服务好、业务水平高、工作效率高的窗口工作人员。但是，目前行政审批局缺乏专业审批的工作人员，而且受人员编制影响，各地行政审批局的大部分工作人员为合同制和劳务派遣制，很难留住学历高、审批经验丰富的人才，近几年人员流失现象较为严重，每年需要不断招聘劳务派遣人员来弥补窗口人员的空缺。在日常政务服务过程中，很多业务专业性比较高、难度较大，工作人员需要具备全面的业务知识、熟练的系统操作能力、高效的工作方法、规范的标准服务等，但实际上，很多工作人员难以具备高水平

的综合能力。

（六）政务信息难共享，存在数据壁垒

目前，政务服务平台运行没有实现信息资源在行政体系的职能单位间无缝整合与共享，政务网络尚未完全对接，大多数"条""块"尚未整合，系统与业务之间尚未融合，权力行使过程、结果数据不能集中形成数据资源汇聚平台。要有效提供政务服务，必须保证服务信息通畅，否则办事群众重复提交材料，重复在不同业务网站上填报，往返跑腿现象很难从根本上改变。同时，政务服务审批人员要在不同的业务网站系统上重复接件审批、二次录入数据信息等，也要在不同专业系统、政务服务网和"e窗行"平台系统上进行审批，还要在不同系统上二次录入相关项目的信息数据大大降低了工作效率。不同业务平台整合和数据共享，至少需要从国家和省级层面系统间进行打通融合，而不是区县级层面可以通过自身改革来突破的。

二、"互联网+政务服务"存在问题的成因分析

（一）法律依据不完善，缺乏顶层设计

1. 法律依据不完善

一是随着"互联网+政务服务"改革的推进和不断深化，现行的法律、法规和规章制度的部分条款已经不能适应改革要求。以简政放权为例，随着一些行政许可事项取消、下放或者改为备案承诺

等，事项的变更需要修改原有的法律、法规及相关的规范性文件，但现实中这些规范性文件从内容、形式、时间上都很难随着改革的步伐及时修订更新，存在一定的滞后性。很多创新改革举措目前主要以地方政府部门出具的文件为依据，并没有法律法规效力。如果类似"容缺审批""承诺制"等改革举措出现重大问题，又没有容错免责机制，将没有法律法规对其合法性和产生的后果给予保护。因此，由于法律法规修订更新不及时，导致改革陷入无法可依的困境，没有法律的保护，改革创新者要承担很大的风险。如果想进行一些突破性的改革，也必须拿到国家和省级相关试点许可，效率低下，阻碍了改革前进的脚步。

二是改革新涉及的领域存在法律空白，亟须完善相关法律规定。例如，"互联网+政务服务"相关信息数据的安全需要新的法律法规来进行保障，如果没有具体的法律法规来为企业和办事群众的信息数据保驾护航，那么数据在传输、交换、存储的过程中将会受到各种因素的威胁，无法保障信息安全。

2. 互联网政务平台建设缺乏统一规划

目前，从中央到地方，行政审批平台建设缺乏顶层设计。没有统一的牵头部门，难以建立统一的行政审批数据库，导致各平台分散建设，重复建设，整合力度不够。同时，对于改革推进中遇到的新矛盾和新问题，缺乏具有远瞻性的顶层设计规划。因此，根据新公共管理理论、整体性政府理论，只有运用系统化思维，遵循客观规律，科学合理地制定顶层设计，同时在顶层设计指导下，各方相互协调配合、整体推进、业务驱动、注重落实，才能使"互联网+政务服务"改革取得更大的成效。

（二）管理方式不科学，缺乏考评机制

政务中心大厅窗口和后台经常会出现忙闲不均的现象，有的工作人员工作压力非常大，有的工作人员很闲。忙的地方人员扎堆，容易出错，人也容易着急，出现服务态度上的偏差；而闲的窗口容易空岗，出现工作人员做与工作无关的事情被曝光等现象。同一事项窗口因工作人员业务水平和责任心不同而加剧了这一现象。大部分窗口人员都是各部门进驻的或劳务派遣公司派遣的，人事管理权并不是由政务中心实际控制，整体上待遇偏低、流动性大，也难以纳入纪检监察部门的问责和处理。很多单位岗位上都出现了能者多劳的现象，但多劳者又会因为种种原因不能多得，反而需要承担更多的责任和压力。长时间下来，运行管理方式不科学会让更多年轻的工作人员出现"躺平"现象。如果不能建立起与人事相统一的管理制度，不能实现劳动和报酬成正比，不能针对不同岗位和科室制定公平合理的考评晋升机制，就不能从根本上调动所有人的积极性，不能真正留住高素质的政务服务人员。

（三）审管责任不明确，缺乏后期监管

行政审批与日常监管之所以很难达到无缝衔接，主要是因为受制度、主观思想、客观条件、体制架构等因素影响。首先，行政审批局成立是政府部门层级和条块关系的调整和重塑，根据上级文件下达的"谁审批、谁负责，谁主管、谁监管"的原则，要求行使本级政府部分审批权的行政审批局对事前审批行为的过程和结果负责，行业主管部门履行事中、事后监管职责。但没有明确各部门权责清单和具体的事中、事后监管服务实施方案，导致实际工作中监管责任不明确，出现后期监管严重滞后甚至空白的情况，与现阶段

实行的"轻审批、重监管"改革模式相悖。在机构改革过程中，有的部门监管职责保留在原部门，有的随审批事项调整，有的同一事项监管责任由多个部门共同承担，调整和落实不到位，导致监管缺位、错位。其次，不少主管部门工作人员主观思想上有畏难抵触情绪，没有责任意识，强调依据上级部门下发的原有业务管理办法规定。审批机关要进行事中、事后监管，没有上级主管部门下发的新的文件来明确由主管部门进行事中、事后监管，也没有对具体业务监管处罚的标准和监管工作如何开展的规范化指导文件，缺少监管的抓手。最后，面对监管任务量和难度越来越大的现状，监管的技术、设备、设施、人员等不足，无法满足监管服务的需要，制约了监管效能的提升。

（四）协同机制不健全，缺乏部门配合

按照国家和省级机构设置，市、县行政审批局应该有对应的上级主管部门，但国家和省级没有设立主管下级行政审批局的机构。在开展相关工作需要沟通协调时，由于区市、县级行政审批局没有对应的业务主管部门，行政审批局就要与20多个市、县级平行职能部门和对应的上级职能部门，如市场监管、发改、住建、环保、资规等职能部门分别沟通，并需要协调完成来自多个职能部门有关政务服务事项改革、业务政策、目标考核等对接工作。从新公共管理理论、整体性政府理论视角出发，由于缺少上下级和平级部门之间科学、高效的沟通协同机制，缺乏各部门之间积极有效的配合，没有实现各级政务信息系统互联互通、协同办公和资源共享，增加了协调难度，影响了政务服务的工作效率。

(五)业务水平不够高,缺乏全能人才

"互联网+政务服务"水平如果要在最优路径上进一步提升发展,政府工作人员是最终的执行者和落实者,但目前窗口工作人员的服务能力、业务能力、协调沟通能力等不能适应当前的改革现状。出现这一情况的原因有三点:一是多角度的专业培训不到位。由于工作人员流失较快,导致不断招聘新的人员,如果不能及时对其进行培训,使其在短时间内掌握相关工作技能,就会造成其在为企业、群众提供业务政策解读、电子设备操作、帮办代办等服务时出现偏差。同时,很多窗口的政务服务工作人员属于进驻部门,业务管理上约束力不够。二是工作人员整体业务水平有待提高。部分工作人员只注重自己手中负责的那部分业务,安于现状,缺乏工作学习动力,不能积极主动地学习与业务相关的上下游业务,虽然可以根据标准化的审核要点进行前期导办咨询和预审材料工作,但可能导致工作反复,影响了企业和办事群众的体验度和满意度。三是人才供需矛盾。"互联网+政务服务"系统的管理涉及管理科学、计算机科学、信息技术和系统工程,但目前缺少综合型的电子政务信息技术管理人才。由于编制、薪酬待遇等客观原因,很难招聘到一些素质、业务水平、能力、经验等各方面都比较强的全能人才,来弥补现有人员的不足。

(六)信息传递不通畅,缺乏数据治理

第一,部门条块分割、碎片化的管理体制导致各部门自建系统林立。前几年,以职能层级为主的政务建设模式显现出很多不良问题,影响了"互联网+政务服务"的效率和效益。各省市职能部门网站群、门户群在推动职能部门信息化、网络化、电子化的过程中

成绩斐然，但同样造成了在职能"块"与"块"之间又自成体系、互不贯通的情况，这种条块分割的建设模式不但没有带来信息共享、业务处理和政务服务的便利，还带来了重复建设、投资浪费、"条"强"块"弱的问题，导致政务服务效率下降。

第二，一些部门对数据共享的理解和认知不足，不愿共享数据，将自己采集的数据视为私有财产。同时，也有些部门有自己的数据保密需求，部门系统之间、部门系统与政务服务平台之间未能完全实现互联互通，致使现行使用的政务服务网无法发挥更大的作用。由于一些基础数据限于部门规定不能有效共享，因此无法满足政务服务、一网通办、便民利企等工作需求。

第三，信息化技术不够先进，存在一定的滞后性。在信息化建设推进过程中，各部门开发的不同系统在数据标准、编码规则等相关模块存在一定的差异，没有全国或全省统一的标准，在技术上是一大障碍，现有平台支撑不匹配，平台安全保障尚待加强，相关数据名义上属于各部门，实质上掌握在各部门信息系统开发公司手里，为数据安全留下很大隐患，对接造成障碍和困难，政务服务平台集约化建设不足，而且重硬件、轻软件的问题比较突出，缺乏相应的数据治理，导致目前的数据系统不能发挥其理想的作用。

（七）"互联网＋政务服务"基础设施不够完善

"互联网＋政务服务"基础设施建设，作为一项庞大的工程，人力、物力、财力的投入缺一不可。经济发展水平整体较高的地区，在"互联网＋政务服务"建设中投入的技术资金相对来说更为充足，但是乡镇和偏远农村地区的经济发展水平相对较为落后，很难提供充足的资金、先进的技术投入基础设施建设，硬件配套设施往往无法完全满足群众实际办事需求，办公设备老旧，运行速度缓慢，程序时常"罢工",这不仅降低了政务服务的办事效率,还导致办事群众经常浪费时间或是无功而返,严重影响了社会公众的办事进度。另外,某些单位的硬件供应不足,机房一直没有更新,设施陈旧,设计粗糙又不符合规范,影响群众办事需求。总体而言,"互联网+政务服务"基础设施普遍是城市优于乡镇和农村地区。"互联网+政务服务"基础设施在不同地区存在一定的差距,基层地区缺乏统筹兼顾。

第三节　我国先进地区"互联网＋政务服务"建设启示

目前，我国在许多领域大力推动"互联网＋"，随着"放管服"改革的不断深入，目前各省优化营商环境的举措如雨后春笋般出现，"互联网＋政务服务"的发展出现了"井喷"现象。据不完全统计，目前各省纷纷提出相关举措，如"不见面审批""最多跑一次""一次办好""只跑一次""一次不跑""零跑腿"等。从国内先进做法中我们可以得到以下启示：

一、"互联网＋政务服务"建设要集中化和一体化

"互联网＋政务服务"建设要自上而下统筹谋划，在省域范围内统筹推进工作方式，防止在改革过程中各地各自为政，造成系统不共享等问题。当然，在改革过程中允许地方因地制宜，试点探索。例如，在政务服务标准化建设过程中，要"一致对外"，推行一窗受理、一个网站、一个办事大厅。在平台运行方面，要出台统一的标准和规格，实现各个领域数据的互联互用，减少人力资源和资金等浪费。

二、"互联网＋政务服务"建设要强化各类信息共享机制

信息共享是"网上办理"的前提条件和重要支撑，如果群众办理简单的事项仍要提供大量的证明材料，势必影响改革的成效和群

众办事获得感。当前，政府要集中精力发挥好在提供公共服务、提供信息共享方面的重要作用。机构改革后，各地成立了大数据管理机构，要真正发挥该机构的职能作用，体现以民为本的导向，让信息"跑路"而不是群众"跑腿"，让群众在"在线政务"服务中受益。当前，有的地方的大数据管理机构的职能作用不明显，有的甚至仅仅是政府门户网站的更新和维护。政府应关注更高层次的设计和谋划，将一些外围不重要的事项实行企业化运作，交由市场负责，发挥其职能作用。

三、"互联网+政务服务"建设要关注和缩小信息数字鸿沟

一方面，建立跨部门、跨地区信息共享协调机制，明确信息共享及业务互动的规则，合理划分各职能部门信息公开和共享的权限和优先等级，完善信息共享、业务协同的身份认证和授权管理机制。另一方面，整合建立数据共享交换平台和政务服务信息平台，加快建设数据共享交换等相关配套标准，充分利用已有设施资源，盘活各地区、各部门的信息数据库资源，支撑政务信息资源跨部门、跨层级、跨区域互通和协同共享。

"互联网+政务服务"所服务的对象涉及城乡各个阶层的群体，让社会全体人民共享发展成果，让社会全体人民分享"互联网+政务服务"所带来的福祉，这是政府责无旁贷的义务。我们应当尽快消除不同地区、不同部门之间的信息壁垒，建立跨地区、跨部门的信息共享平台。我国历经了40多年的改革开放，各方面发生了翻天覆地的变化，在充分肯定成绩的同时，也应看到我国与发达国家在信息技术等领域存在的差别，要加快基层"互联网+政务服务"的研究和探索步伐。

四、"互联网+政务服务"建设要加强资金支持，充分发挥政府与社会资本合作作用

为促进"互联网+政务服务"的发展，各地各级人民政府应当适当增加"互联网+政务服务"基础建设的财政预算，为政务服务建设提供充足的资金，并将财政资金重点向欠发达地区及乡镇、农村地区倾斜。政府是宏观管理者，要发挥互联网企业的作用，引入民间资本，让真正懂科技的企业参与其中，让我国本土优秀的大型互联网企业为"互联网+政务服务"提供强有力的支撑。

五、"互联网+政务服务"建设要加强信息安全保障

在大数据环境下，"互联网+政务服务"对计算机网络安全也提出了更加严格的要求。"互联网+政务服务"建设应当注重信息技术的安全可控，防止发生企业或个人信息泄露等侵害个人权益、危害国家安全的行为。一方面，政务服务平台用户及管理人员要增强安全意识，掌握防范信息泄露的技术和手段。另一方面，我国应当加强对政务服务平台后台数据的监管，完善数据隐私保护的相关立法，建立、健全相应的法律法规和制度，通过加强制度建设来构建强有力的数据安全机制，提升公务人员的数据安全意识，明确相关主体的法律责任，强化对隐私权侵权行为的追责力度，以确保数据安全使用，切实提高政务服务网络的信息安全性。

第三章　我国营商环境建设现状

第一节　我国营商环境建设成效与优化建议

一、我国营商环境建设成效

营商环境是指企业等市场主体在市场经济活动中所涉及的体制机制性因素和条件，是政府治理、经济潜力、资源条件、社会环境等诸多因素的综合表现。当前，百年变局加速演进，世界形势复杂严峻，全球政治经济治理体系和合作竞争格局处于深刻变化调整期，不稳定性、不确定性愈发凸显，风险挑战明显增多。同时，中国特色社会主义进入新时代，我国经济已从高速增长阶段转向高质量发展阶段，正处于转变发展方式、优化经济结构、转换增长动力的爬坡过坎关键期。在这样的背景下，优化营商环境更加显示出其特殊意义。一方面，优化营商环境是坚持和完善中国特色社会主义制度，健全市场经济体制，完善治理体系和提高治理效能，促进市场主体良性竞争和集聚发展，激发市场主体活力和社会创造力的内在需要；另一方面，优化营商环境也是保护产业链、供应链安全稳定，维护国家产业和经济安全，提升国际竞争力的必然要求。

党的十八大以来，党中央高度重视营商环境建设，始终把优化营商环境摆在治国理政的重要位置。面对复杂严峻的国内外形势，党中央高瞻远瞩，纵览全局，把营造良好营商环境作为推动经济发展质量变革、效率变革、动力变革的重要抓手，瞄准制约经济发展和市场主体活力的突出矛盾，全面深化经济体制改革和"放管服"改革，不断完善政府管理体系，推进国家治理体系和治理能力现代化，减少政府对市场行为的干预，维护公平公正的竞争秩序，坚持扩大对外开放，有效提升了我国市场主体活力、社会创造力和国际竞争力。世界银行发布的《全球营商环境报告2020》显示，我国全球排名快速上升，2019年已升至31位，连续两年跻身全球营商环境改善幅度最大的十大经济体。中国国际贸易促进委员会问卷调查显示，企业对中国营商环境的评价连年提升，2021年度整体评分达到4.38分，为"较为满意"水平，其中五成以上受访企业对营商环境"非常满意"，这一数据表明中国营商环境评价维持在良好水平。

党的十八大以来，我国向着打造国际一流营商环境的目标不断迈进，在市场化、法治化、国际化、便利化四个方面取得了长足进步。

（一）市场化：坚持推进刀刃向内改革，市场主体活力持续进发

党的十八大以来，我国持续推动刀刃向内的改革，最大限度减少政府对市场行为的干预，以政府权力的"减法"激发市场活力的"乘法"。

一是锐意简政放权，为市场主体"松绑"。2013年，李克强提出五年内把1700多项国务院各部门行政审批事项砍掉三分之一，2016年，这一目标提前超额完成。目前，国务院各部委已削减行政审批事项数量超过50%，取消中央指定地方实施行政审批事项超过30%，清理规范行政审批中介服务事项超过70%，中央层面核准的企业投资项目压减90%。探索实施市场准入负面清单制度，也是我国刀刃向内推动自身革命的一项重大举措。2016年，天津、上海、福建、广东开展市场准入负面清单试点，2017年试点范围扩大到15个省市，2018年正式推出《市场准入负面清单（2018年版）》。自此，全国全面实施市场准入负面清单制度，此后该清单在2019、2020和2022年多次更新。按照"非禁即入"原则，各类市场主体可依法平等进入清单之外领域。不断迭代完善的清单大大激发了市场主体的创造性。

二是大力减税降费，"减负"让市场主体"轻装上阵"。减税方面，深入推进税制改革，2016年全面推开"营改增"试点，并连续多年下调增值税税率，对小微企业实施普惠性税收减免，确保所有行业税负只减不增。降费方面，持续降低行政事业性收费标准，压减行政事业性收费项目，大力查处乱收费行为，并推动降低用能、物流等成本。据统计，2013—2018年，取消、停征、减免1100多项中央和省级政府行政事业性收费，推动降低用能、物流、电信等成本，累计减轻市场主体负担超过3万亿元。2019和2020年，全

国累计新增减税降费分别超过 2.16 和 2.6 万亿。2021 年全年新增减税降费超过 1 万亿元，并为制造业中小微企业办理缓缴税费超 2100 亿元。

三是深化商事改革，为市场主体"赋能"。党的十八大以来，我国持续深化商事制度改革，使市场和政府"两只手"的作用更好发挥。2013 年，《国务院机构改革和职能转变方案》颁布，将公司注册资本由"有限认缴制"改为"完全认缴制"，拉开了商事制度改革的序幕。2014 年修订后的《中华人民共和国公司法》（以下简称《公司法》）开始实施注册资本实缴登记制，取消出资期限，公司设立更加方便快捷，公司数量大幅增加。2023 年《公司法》修正案三审稿中增加了注册资本认缴期限，促进资本充实、维护交易安全。

2013 年 10 月，国务院常务会议部署推进公司注册资本登记制度改革。2021 年 7 月"证照分离"改革全面覆盖，有效缓解了市场主体"办证多""办证难"问题，至 2021 年底惠及企业 134.6 万户，占同期新设企业的 28.1%。一系列改革举措夯实了我国经济发展的微观基础，形成了市场活力焕发的良好局面。工商登记注册数据显示，2021 年全国新设市场主体 2887.2 万户，同比增长 15.4%，截至 2021 年底市场主体达 1.54 亿户，新增和累计市场主体数量分别是 2012 年的 6.7 倍和 2.8 倍。持续迸发的创业热情带动大量就业，也进一步推动了经济社会发展形成良性循环。

（二）法治化：多管齐下完善法规制度环境，为企业经营保驾护航

我国坚持立法先行，持续推进营商环境领域政策法律供给，加快法律法规立改废释，不断将优化营商环境的成果制度化，为优化营商环境提供坚实的制度保障。

一是法律、法规、规章、政策加速完善,织牢法治体系"安全网"。2020年1月1日起实施的《优化营商环境条例》将多年来各地区各部门改革中行之有效的经验做法上升为法规,填补了专门领域的立法空白,是我国营商环境制度化建设的阶段性重要成果。专项领域立法也不断深化,如《国务院关于实行市场准入负面清单制度的意见》《国务院关于在全国推开"证照分离"改革的通知》等进一步降低市场准入准营门槛;《中华人民共和国外商投资法》《国务院办公厅关于进一步激发民间有效投资活力促进经济持续健康发展的指导意见》等提振了各类企业的投资积极性;《中华人民共和国反垄断法》《中华人民共和国反不正当竞争法》修订与时俱进,相关司法解释及时出台,使公平竞争制度更加健全。各地方也结合实际,因地制宜地在营商环境立法方面积极探索实践,从中央到地方的营商环境相关制度体系初步形成。据不完全统计,党的十八大以来各地发布涉及"营商环境"的政策法规呈加速上升趋势,累计已超2.8万件。各地还排查、修订、废止与优化营商环境改革精神不符的各类文件,如为推进《优化营商环境条例》贯彻实施,2020年各地累计修订废止不符合条例规定的法规、规章和规范性文件等约1000件。

二是监管方式推陈出新,托起市场竞争的"公平秤"。近年来,我国不断创新和改进监管方式,以有效监管,推动构建公平市场环境。2013年一些地方开始探索"双随机"监管模式,2015年国务院完善这一监管方式并在全国推广,2019年"双随机、一公开"监管全面推行。"双随机、一公开"监管模式的普及,有效改变了检查名目繁多、企业疲于应付的情况,也在很大程度上压缩了寻租空间。我国从2014年开始加快社会信用体系建设,不断健全完善以信用监管为抓手、衔接全监管环节的新型监管机制,使信用信息在联合惩戒、金融征信等领域的重要作用日益显现。各地各部门也积极探索

"互联网+监管"模式,打造"智慧监管""精准监管"系统,推动实现监管既"无处不在"又"无事不扰",在提高监管效能的同时,最大限度地减少对市场主体的影响。同时,对于方兴未艾的新兴信息技术行业,实施审慎包容的监管原则,为新业态、新技术、新模式的健康发展预留了充足的探索空间。

三是司法保障力度空前,架起企业权益的"保护伞"。在法律法规逐步健全的同时,我国也不断改革和完善涉企案件的司法审判程序,依法保护各类企业的合法权益。2013年至2021年9月,全国法院共审理民商事案件9645万件,办理执行案件5831万件,执行到位金额共10万亿余元,有效维护了各类市场主体的合法权益。

通过践行"每个案件就是一个营商环境",各类市场主体的合法权益得到了有效维护,减少了企业家干事创业的后顾之忧。特别是,为维护公平有序的市场竞争秩序,国家大力打击垄断和不正当竞争行为。裁判文书数据显示,近年来审理查办的涉垄断和不正当竞争案件数量快速增长,反映出反垄断和反不正当竞争执法力度正在持续加大。多个互联网企业受到反垄断立案调查或处罚,大数据杀熟、被迫"二选一"、掐尖并购等乱象得到有效遏制,获得了社会舆论广泛称赞。

(三)国际化:高水平推动扩大开放,外资吸引力大幅增强

党的十八大以来,我国将对外开放融入国家发展战略,通过打造国际化营商环境促进体制机制改革,使我国经济对外竞争力和吸引力不断增强。在全球化遭遇逆流等情况之下,我国吸引外资金额仍逆势上扬,2021年增速达到14.9%,实现近十年来首次两位数增长,外资及港澳台资新设企业数量同比增长36.1%。

一是自由贸易试验区先行先试,开放"排头兵"作用显著。从

2013年开始,我国先后在上海等省市设立覆盖东中西的21个自由贸易试验区。自由贸易试验区围绕制度创新核心任务,持续深化改革,累计向全国复制推广近300项制度创新经验,为加快构建开放型经济新体制进行了卓有成效的探索。自由贸易试验区的改革开放创新红利也得到充分释放,2021年21家自由贸易试验区实际使用外资2130亿元,实现进出口总额6.8万亿元,同比分别增长19%和29.5%,以占全国不到千分之四的国土面积实现了占全国18.5%的外商投资和17.3%的进出口总额,为全国稳外贸、稳外资发挥了重要作用。

二是准入"门槛"一降再降,外商"向心力"大大增强。近年来我国探索外商投资准入前国民待遇加负面清单的管理模式,对外资准入的限制持续快速减少。2015年外商投资产业指导目录中限制性条目减少一半;2017—2021年,我国连续修订全国和自由贸易试验区负面清单,数量分别由93项、122项减少至31项、27项。不断压减的负面清单不仅彰显了我国扩大开放的决心,也极大地提振了外商投资的信心。普华永道发布的《2021在华日本企业发展调研报告》显示,91%受访的在华日企表示,未来3—5年会保持或加大在华投资规模。华南美国商会发布的《2021年中国营商环境白皮书》显示,94%的美资企业对中国市场持乐观态度,中国被列为最佳投资目的地。

三是对标国际标准,筑高夯实开放"沃土"。近年来我国参照国际标准和通行规则,针对自身短板弱项制定重点改革任务清单,不断在降准入、削成本、强保护、增便利等方面主动作为,极大地缩小了与国际一流营商环境的差距。党的十八大以来,我国还签署或升级了包括《区域全面经济伙伴关系协定》(RCEP)在内的十多项双边、多边贸易和投资协定,使相关协定总数达到150余项,极大地拓展了国际投资和贸易，助力我国成为世界第一大货物贸易国和第一大外资吸收国，并成为包括美国、欧盟、日本等在内的120多个国家和地区的最大贸易伙伴。

（四）便利化：优化提升政务服务，惠企便民水平大幅提高

党的十八大以来，各地各部门以公平优质、高效便利为目标，不断提升政务服务水平，惠及千万市场主体。一是优化政务服务流程和机制，缓解"脸难看""事难办"现象。为解决政务服务单位存在的"门难进、脸难看、事难办"问题，近年来各级各部门聚焦增强服务意识，创新服务方式，优化服务流程，各类改革举措不断涌现。特别是针对企业和群众反映突出的多头跑、反复跑问题，各地方普遍将行政区域内各类政务服务事项集中在政务服务大厅统一办理，整合审批权力，精简证明和手续，极大方便了企业和个人创业兴业。目前，县级以上地方政府政务大厅和乡镇（街道）便民服务中心的覆盖率均已接近100%，基本覆盖了全国的政务服务体系和不断创新优化的服务方式，使"马上办、就近办""只进一扇门""最多跑一次"逐步成为现实。

二是加快推进数字政府建设，实现"网上办""掌上办"。近年来，国家高度重视信息技术在公共服务中的应用，加强数据开放共享，优化网上服务流程，全面加快推行"互联网+政务服务"。全国一体化政务服务平台于2020年基本建成，联通31个省（区、市）及新疆生产建设兵团和46个国务院部门，已汇聚有关地方和部门900余种电子证照目录信息42亿余条，累计提供电子证照跨地区跨部门共享22.35亿次，成为全国政务数据互联互通互认的重要渠道。各地各部门也加快把现场办理事项延伸至网络，打造"24小时不打烊"政府，多数服务事项都实现了全流程"网上办""掌上办"。通过践

行"信息多跑路、群众少跑腿"理念极大地提高了行政办事效率，企业生命周期不同阶段政务服务的舆论满意度均达到90分以上。

三是持续加强金融支持，破解"融资难""融资贵"难题。党的十八大以来，各部门贯彻落实党中央关于金融要为实体经济服务的政策导向，多措并举缓解市场主体特别是中小微企业的"融资难""融资贵"难题。金融系统综合运用再贷款、再贴现、下调利率、降低存款准备金率、加大应收账款融资支持、发行小微金融债等方式，千方百计扩大市场主体融资渠道，降低融资成本，从拓渠道、增需求、防风险等多个维度破解融资难题。数据显示，截至2021年末，全国小微企业贷款余额近50万亿元，其中普惠型小微企业贷款余额19.1万亿元，同比增速近25%，较各项贷款增速提高近14个百分点。

二、优化营商环境的建议

经过多年的持续努力，我国营商环境建设取得了令人瞩目的成绩，但营商环境建设没有完成时，"优"无止境，仍需久久为功，持续把营商环境推向更高水平。当前，我国营商环境仍存在总体发展水平不平衡、政府和市场关系未完全理顺、部分法律法规与国际通行规则对接不畅、部分领域行业市场准入门槛偏高、部分地方隐形壁垒多、地方保护主义未杜绝、监管执法"一刀切"、政务服务效率低、办事成本高等问题与短板，与优化营商环境的目标和企业、群众的期待有一定差距。目前，我国经济下行压力持续加大，面对错综复杂的国内外形势，必须进一步解放思想，通过制度创新构建更高标准、更加公平的市场体系，久久为功，推动营商环境持续优化，通过良好的营商环境赢得发展主动权，保持我国经济稳定增长、长期向好。

笔者通过大数据技术对互联网主要渠道中有关营商环境建设的相关舆论进行识别抓取，并结合调研、座谈对市场主体、专家学者等的观点进行综合分析梳理，提出进一步优化营商环境、助力我国经济社会高质量发展的期盼建议。

（一）政策更精准

以《优化营商环境条例》为基础，加强营商环境法律、法规、政策的协调配合，要及时修改或废止违反上位法、相互矛盾或与营商环境优化方向冲突的法律、法规或政策。坚持以市场主体需求为导向优化政策供给，变"政府思维"为"企业视角"，不断缩小制度供给与企业需求之间的差距。利用线上线下等多元化宣传方式加大政策的宣传和引导，帮助市场主体特别是小微市场主体了解政策、享受优惠。充分利用大数据手段及时跟踪市场主体经营生产状况，主动发现、精准识别各类政策的适用对象，推动"人找政策"转变为"政策找人"，促进政策切实落地生效。

（二）政务更高效

加快转变政府职能，进一步深化简政放权，统筹做好改革设计，科学配置和界定上下级政府和部门之间的权责关系、资源分配规则以及事权责任。各地各部门要摒弃狭隘的政绩观和部门利益观，以推进公共利益最大化为原则，打破条块分割，加强跨地域、跨部门协同合作，破除妨碍统一市场建设、干扰正常市场行为、阻碍要素自由流动的体制机制障碍，打破形形色色的"卷帘门""旋转门""玻璃门"。进一步放宽市场准入，全面实施市场准入负面清单制度，推动"非禁即入"普遍落实，破除负面清单之外的隐性壁垒。

（三）服务更便捷

加强数字政府建设，持续推进政务信息系统整合，避免重复建设与资源浪费，加大先进数字化技术的创新应用，在更大范围、更多事项上实现网上办、掌上办、跨省通办。提高跨层级数据共享的质量和效率，促进数据向一线部门回流，提升基层服务效能。倡导"'像网购一样'注重用户评价"的理念，整合线上线下多种评价渠道与在场离场评价方式，实现意见诉求高效反馈。加快完善"以评促改""以评促优"机制，将群众满意度纳入地方政务服务人员考核体系，推动切实解决各类急难愁盼问题，为市场主体和人民群众破障碍、增便利、谋实惠。

（四）竞争更公平

对各类所有制市场主体一视同仁，平等对待，取消在审批、监管、招标等过程中针对民营资本、中小企业的歧视性、限制性条款。加大对知识产权的保护力度，健全知识产权维权援助和纠纷解决机制，加强对新业态知识产权保护制度的探索。加大反垄断和反不正当竞争案件的查处力度，制定适用于数字经济条件的反垄断规则。继续推进"互联网＋监管"和"双随机、一公开"监管，全面提升监管部门的智能化监管能力，实现对市场主体的全方位跨部门综合监管。加强社会信用体系建设，依法实施失信联合惩处措施，营造诚信公平的市场竞争环境。

（五）开放更全面

深入贯彻《外商投资法》，执行好鼓励外商投资相关政策，保护外资合法权益，促进内外资企业公平竞争。持续优化外商投资市场准入规则，有序减少对外资企业设立的资产规模、股比等方面的限制，全面落实准入前国民待遇加负面清单管理制度。建立健全政府与外资企业的沟通机制和诉求反馈渠道，充分发挥各国在华商会的联系纽带作用，通过商会进行信息汇总传递、解疑释惑，及时掌握和处理外资企业面临的堵点问题。加快自由贸易试验区、自由贸易港建设，进一步探索推动国内制度规则与国际通用规则对接，积极参与全球经济治理和国际经贸规则制定，推动形成全面开放新格局。

（六）寻求技术逻辑与制度逻辑的平衡

营商环境问题并非我国社会主义市场经济发展过程中所凸显出来的独有的问题，而是在全球范围内各个国家及经济体在发展经济过程中普遍存在的世界性客观难题。而优化营商环境是一项涉及众多领域制度改革的系统工程，需要平衡治理的逻辑。在我国，政府作为制度供给和制度创新的实施主体，也是优化营商环境最主要的治理主体，应在构建包括市场主体保护制度、市场环境制度、政务服务制度、市场监管制度在内的综合制度体系过程中，寻求技术逻辑与制度逻辑的平衡，进而完善中国营商环境的治理对策。

1. 技术逻辑

技术逻辑是中国营商环境治理的引领型规则，更是一套简单而高效的治理工具，它瞄准了营商环境治理的功能性和实用性。聚焦技术逻辑，营商环境治理强调以营商环境评价指标为主要治理对象，

以减少手续、时间、成本为目标,是致力于提高公众获得感的终端策略。技术逻辑主要包括以下两个方面的内容:

一是治理的技术化,基于国际经验,结合我国营商环境现状,全国上下统一一套标准,强力推行营商环境测评。在营造国际一流的营商环境方面,按照中央部署,国家发改委会同相关部委深入研究、分析世界银行营商环境评价指标体系,找出我国营商环境建设的薄弱环节,保持高位指标,提升低位指标,有针对性地改善和优化营商环境;并通过案例形式,积极与世界银行营商环境小组专家成员进行沟通与交流,保证评估结果能够全面、准确地反映我国营商环境的真实情况。同时,国家发改委摸索创建引领中国特色的价值取向、符合中国改革口径的营商环境评价指标体系,基于摸底全国各地市营商环境治理水平,定位我国营商环境建设水平的高线与低线,通过"对标先进—创新试点—复制推广"的方式,鼓励有条件的地方进一步瞄准最高标准、最高水平开展"先行先试",有力提升营商环境治理效率,保障营商环境持续优化。

二是技术化的治理,聚焦治理手段层面,强调运用现代信息技术增强治理的精细化与形式化。各地、各级行政机关运用大数据、区块链等科学技术,深化营商环境的机制创新,将国家治理能力现代化建设置于数字化浪潮的大背景下展开。例如,浙江省"最多跑一次"、江苏省"不见面审批"、上海市"一网通办""一网统管"等改革充分运用互联网思维,破除政府数据共享的"数据烟囱"与"数据孤岛"现象,将高效性技术治理嵌入营商环境治理的"技术操作者",致力于追求高效、可复制推广并可考核验证的治理流程,满足高效性、便利性的治理需求。

在整体治理图景中,技术逻辑作为一种迫使制度快速、清晰凸显缺陷的"赋能者",是一种"工具型"的营商环境治理逻辑。地方政府偏向选择针对性强、见效较快的技术治理逻辑，在放宽市场准入、降低企业经营成本、提高政务服务便利度、促进市场公平竞争、提升国际化水平等方面的治理成效显著，我国营商环境的全球排名高位提升。与此同时，我国营商环境评价也得到国际社会的认可，世界银行新的营商环境评价体系（Business Enabling Environment，简称BEE）项目吸收中国改革经验，借鉴中国营商环境评价的用水用气指标、事项联办方面的内容，新增的"市场竞争"指标与中国营商环境评价"政府采购"指标的内涵大同小异。

由于技术治理仅仅优化政府原有的服务生产方式，当技术治理逻辑受到"短期行政绩效改善"的预期驱动时，技术治理成果难以固化，面临易反弹的风险。由于技术逻辑引导下的政策制定偏向依赖治理技术化的需求，只能解决短期内个性化的局部问题，一般较难持续，缺乏顶层的完善设计，无法改变科层运作的制度体系。因此，技术治理难以超越工具主义观念，需要深层界定技术治理与制度运作的共生空间，及时找回与补足底层制度逻辑的缺失，避免陷入技术循环，进而推进政府营商环境治理的科学化与合理化。

2.制度逻辑

制度逻辑是中国营商环境治理的根本性规律，是一套复杂而精密的科学体系，强调治理的内在发展动力和发展过程。制度逻辑考虑制度设计的价值取向、制度风险、制度体系、制度执行偏差等因素，强调以建立调节政府与市场关系的行为规范或规定为导向，以制度变革与机构改革为内容，以提效能、固根基、强体制为目标，以完善产权制度和要素市场化配置为重点，追求政府与市场良性互动的过程化路径。制度逻辑的功能需要聚焦两个方面：

一方面，系统完备的制度建设是固化改革效果、全面深化改革的重要工具。从中央政府到地方政府，从立法机关、行政机关到司法机关，营商环境建设围绕企业开办、行政收费、诚信守法等方面，正在由点及面地循序展开：中共中央、国务院发布的《法治政府建设实施纲要（2021—2025年）》在宏观层面确定了营商环境的基本原则与方向；全国人大常委会积极立法修法，保障改革效果；国务院通过发布行政法规制定具体方案，地方人大及其常委会制定地方性法规，地方政府因地制宜出台地方政府规章；最高人民法院、最高人民检察院发布营商环境的典型案件。

另一方面，科学规范的制度体系是推进政企关系法治化的根本保障。政企关系既是经济关系，也是政治关系。理顺与摆正政企关系并使之制度化是直接影响营商环境建设成效的关键因素。制度是一种涉及社会、政治及经济行为的规则，基于制度逻辑的营商环境治理致力于明确政府和市场主体的行为边界、行为规范、行为方式，有效调整各类市场主体之间的利益关系，实现营商环境的整体优化。

制度逻辑具有根本性、全局性、稳定性和长期性特点。但是当前，制度逻辑面临推进力度小、难度大的问题。究其原因在于：一是压力型体制运作由弹性化转向刚性化。在我国营商环境治理过程中，以结果为导向考核政府任务完成情况。我国地方政府间主要是一种纵向隶属关系，各级政府为完成规定任务，选择通过目标设定、指标分解与结果考核等方式顺次传达治理任务。短期内地方政府营商环境治理取得的显著成效，在很大程度上得益于硬性指标的设置与综合考评的方式。由于制度逻辑治理成效不仅需要衡量制度制定的科学性，还需要衡量制度执行的有效性，难以通过合适的指标衡量制度治理逻辑成效，因此，压力型体制运作下政府偏向技术化特征主导的治理路径。二是作为"经济人"的地方政府有着追求利益的特征和倾向。营商环境制度的建立与调试是对旧制度的革新，是刀刃向内的革命，这在一定程度上减损了部分既得利益者的利益。

政府作为制定、执行政策的主导者，很少基于自损利益的角度制定决策，继而加大了制度逻辑顶层设计的难度。制度是人与人之间关系的一种约束和规范，每个人在社会生活中必然与制度发生不可分割的联系。除了政府以外，营商环境制度的建设还涉及市场、社会等多元主体的利益，在面对新旧制度交替时，多元主体将维护自身利益作为制度调适重点。制度能否获得内外部利益相关者的接受和认可，是在价值意义上考量制度有效性的重要因素之一。

3. 寻求平衡：技术逻辑与制度逻辑的并行

制度逻辑强调从整体、全面等宏观层面理解与解决问题，呈现根本性、全局性、稳定性和长期性特征；技术逻辑从属于制度逻辑，侧重基于具体的、工具性层面理解问题，呈现单一化、碎片化、短期性的特征。二者呈现相互促进、相互依存的"双向性"关系：制度规制技术，技术创新只能在制度框架内进行，致力于解决具体化问题，而无力解决根本性问题。尽管技术逻辑治理成效逐步显现，但其持续性与稳定性需要良好的制度保障。如果制度创新迟于技术创新，治理技术创新的成果难以固化，基于技术治理实现"技术乌托邦式"的理想社会期望将使改革陷入"越改越乱"的死循环。同时，技术倒逼制度，技术创新在一定程度上会加速制度建设的进程，为制度创新提供更多的可能性机会窗口。当然，在行政体制改革中，技术不可能成为指路明灯，而制度逻辑显然具有绝对的主导性，如果没有良好的制度系统生态环境，那么再好的治理技术也难以发挥持续稳定的作用。

营商环境治理从技术逻辑引领转向制度逻辑与技术逻辑并行，指标、部门、主体、需求等治理的主要内容与方式也要发生转变：

第一，营商环境测评由单一指标扩充为复合指标。营商环境建设涉及政治、经济、文化等多场域，营商环境指标体系随着营商环境持续建设而不断丰富。技术逻辑下政府主动对标世界银行指标体系，在遴选与确定评价指标时需要考虑数据的可测量性。所以，我们的改革如果照搬世界银行营商环境评价指标体系难以有效发挥"以评促改"的作用，营商环境建设不能仅仅以世界银行指标体系测评内容为优化基准，需要基于现有评价指标体系结合我国营商环境现状与需求，构建本土化、科学化的评价指标体系。

第二，由单一部门治理转变为多部门协同治理。技术逻辑的单一部门治理是指世界银行营商环境的十大指标分别由各部门牵头，对标得分弱项，营商环境提分速度增快；而构建持续稳定的营商环境，需要在单一部门优化治理的基础上实现多部门协同治理，实现"1 + 1 > 2"的治理效果。

第三，由以政府为主体优化营商环境转向政府、市场与社会的协同治理。作为一种主体多元、要素异质的特殊公共产品，营商环境需要多主体共同营造与构建，是多元的、复杂的公共治理结果。随着经济社会发展的高度分化，市场主体、商会、行业协会等主体提供服务的能力与治理的能力不断提升，基于政府主导的多元主体协同治理是制度逻辑治理的主要表现形式。

第四，关注企业需求的转变。营商环境的持续优化应关注企业需求的动态性。在企业投资建设初期，企业需求聚焦贷款贴息、土地价格、税收等企业运营的需求；随着企业嵌入多维度复杂环境，企业转型、技术创新、资源需求等企业发展的需求，以及户口、医疗、教育等深层政策的需求继而凸显。

第二节　政府在建设营商政务环境过程中的责任

一、政策制度安排

发展社会经济需要激发市场经营主体的活力以及社会的创造力，而这些方面的提高很大程度上取决于营商环境。党的十九届四中全会指出，要"深入推进简政放权、放管结合、优化服务，深化行政审批制度改革，改善营商环境，激发各类市场主体活力"，同时又提出"营造各种所有制主体依法平等使用资源要素、公开公平公正参与竞争、同等受到法律保护的市场环境"。这些内容表明改善营商环境是政策制度性的安排，体现了营商环境建设的政府责任构成。

（一）市场主体保护制度

政府有责任依法保护市场经营主体的合法经营权、财产权和其他合法权益，保护企业经营者的人身和财产安全。建立市场主体保护制度是营商政务环境建设的重中之重。保护市场主体需要运用多种手段和方式，不仅涉及营商法治和营商市场环境的建设，同时是营商政务环境建设所必需的制度。

第一，政府需要保障各类市场主体依法平等使用资金、技术、人力资源、土地使用权及其他自然资源等各类生产要素和公共服务资源。政府通过构建市场主体保护制度，在行使行政权力和提供政务服务的过程中，能够给予各市场经营主体相同的待遇。政府及有关部门在政府资金安排、土地供应、税费减免、资质许可、标准制定、项目申报、职称评定、人力资源政策等方面，应当依法平等对待各类市场主体，不得制定或者实施歧视性政策措施；应做到一视同仁，避免因为服务和管理的不公平对部分市场经营主体的合法权益造成损害，影响市场经营主体的积极性。

第二，政府应当持续深化商标注册、专利申请便利化改革，提高商标注册、专利申请审查效率，推动建立全国统一的市场主体维权服务平台，为市场主体提供高效、便捷的服务。政府除了保障市场经营主体能够得到平等的待遇外，还需要通过建立便利化服务和维权渠道保护市场经营主体的合法权益。通过将专利商标申请简化，保证市场经营主体能够高效率地完成相关注册程序，从而能尽快实现自身知识产权和商标权的保护，避免因为延宕造成无法挽回的损失；而构建维权服务平台能够提供市场经营主体救济途径，市场经营主体通过平台进行维权，能够更为便利和高效地解决自身的问题。

（二）简政放权配套政策

简政放权政策是指保证市场在资源配置中起决定性作用，简化市场经营主体管理事务和审批事项，降低政府对市场资源不必要的干预。通过简政放权政策，能够强化营商政务环境建设，实现对市场的激励，让各类市场经营主体追求资源配置效益最大化和效率最优化。因此，政府有责任推动简政放权政策，促进营商政务环境的建设。

第一，简化市场经营主体的管理事务和具体审批事项，降低市场准入门槛，使各类行业能够充分竞争，打破一些重要行业的垄断现象，让市场资源配置能够更加充满活力，在竞争中促进相关领域科技的进步和经济的发展，同时满足消费者的需求，保障他们的权益。此外，要发挥转变政府职能，从宏观管理、监督管理的大方向看，政府应当将主要精力用于管好可能引发市场失灵的事务，尽一切可能减少不必要的程序，为企业提供方便。要尊重市场规律以及市场经营主体的地位，在市场能够调节的情况下，在市场经营主体能够按照基本规律管理自身事务的前提下，政府不应在行政许可问题上设置门槛，并且应最大限度地减少审批。同时，要建立规范政府权力和责任的程序，推动政府权责清单制度的健全完善和落地实施。

第二，政府应当减少不必要的行政检查和缩小运用行政处罚权力的事项范围，最大限度地减少对市场经营主体经营活动的直接干预。除了事关生产安全和其他必要的检查，以及严重的违法经营活动需要运用合法的处罚权力外，其他事务如果通过频繁地运用行政权力直接干预市场活动，就会抑制市场经营主体的生产经营积极性，压抑市场经营主体的生产主动性，甚至滋生行政权力的腐败。因此，通过深入推进简政放权政策，减少行政权力对市场经营活动的干预，退出那些政府及行政权力没有必要干涉的环节，减轻市场经营主体的行政程序负担，可以进一步保证市场经营主体生产经营和投资的自主权。在法律、法规框架内，减少行政行为对资源配置的掌控，加强对资源配置的引导。满足企业的需求，帮助企业根据自身需求自主生产、提供满足市场的服务和产品。对行政行为实施审查制度，规范市场秩序，实现市场良性运行。

（三）政府信息公开制度

行政公开是一条监督行政机关的非常重要的途径。将政府的政策、规章以及行政活动的过程和结果予以公开，使公众有权知悉并公开评论，可以有效地防止行政专断和腐败。行政公开可以保障公民的知情权，满足公民对信息的需求。在现代社会，公民有权了解政府的活动，而政府制定的政策、规章以及做出的具体决定，有义务向公众公开，接受公众的监督。行政公开还有利于公民参与行政事务，增强公民对行政机关的信赖。公民只有在充分、确实了解政府活动的基础上才能有效参与国家事务和管理社会事务。

我国已经出台《中华人民共和国政府信息公开条例》，对政府信息公开制度予以规范。《中华人民共和国政府信息公开条例》要求政府制定的政策和制度要公开透明，这是一个法治政府所必须具备的基本要求。因此，在制定有关营商政务环境的政策制度过程中，必须塑造阳光政府和透明政府，构建政府信息公开制度，保障市场经营主体的知情权，使其能充分行使对政府的监督权。

想要保障有关营商政务环境的政策制度的施行具有可预期性的特征，政府就一定要保证营商政务环境相关政策制度的透明性。政府制定监管市场的政策制度以及所适用的标准，必须向全社会公开，涉及市场经营主体的权利和义务的行政法规、部门规章以及与企业经营相关的规范性文件，都应按照信息公开相关的法律法规和程序予以公布。此外，政府在依法行使监督权时，同样要做到信息的公开，让市场经营主体能够认识到政府实施市场监督程序的职能，并引以为戒，规范自身的经营活动。如何让权力在阳光下运行，考验每一个政府的智慧，检验每一个政府的治理能力。

只有让公权力在透明中运行，才能防止它被任意地滥用。政府信息公开不但能够防止腐败，使各种违法违规的行政行为失去存在的空间，还有利于提高行政机关工作人员的责任心，防范行政职权的任意性和无限性。同时，信息公开有利于促进市场经营主体对有关营商政务环境的政策法律的认识和理解，为市场经营的企业积极参与社会治理及商业活动提供政策制度保障条件，提高政府的公信力，并最大限度地降低市场经营主体的运营成本。

除此之外，营商政务环境的公开透明还能够充分发挥营商政务环境的信息对市场经营主体、人民群众等生产、生活或者其他与经济相关的市场活动的服务作用，政府的市场监管要实行标准公开、程序公开、结果公开，保障市场主体和社会公众的知情权、参与权、监督权。政府部门只有积极承担责任，建设透明政府，制定公开透明的政策制度，推进政务公开，才能营造出公平、法治的营商政务环境，促进我国社会经济的健康、高质量、可持续发展。

（四）减税降费优惠政策

政府有责任通过施行减税降费政策，降低市场经营主体的运营成本，提高企业的收入，提升生产服务积极性和主动性。减税降费政策的持续贯彻落实，既是建设营商政务环境的重要一环，也是对经济社会的发展和企业经济活力的彰显，具有重要的推动性作用。

第一，减税降费政策能够极大地鼓励市场经营主体参与生产经营活动，尤其对于数量庞大的小微企业来说，减税降费能够较大地提升它们的营收能力，从而扩大生产。小微企业是我国社会和经济发展极为重要的构成部分，在稳定经济增长、吸收社会就业、激励科技创新等方面都发挥着非常重要的作用。只有中小企业加快发展，才能优化我国的经济结构，确保我国经济高质量发展。减税降费政策能够解决中小企业周转资金较少、资产规模不大、抗风险能力较弱、生产经营周期短、市场淘汰率高等问题，给予其重要的支持保证，使这些企业能够顺利存活并继续发展。

第二，减税降费政策能够刺激民营企业释放活力，并加快制造业等实体经济的发展，成为实体经济的助推器。民营经济和实体经济在推动我国经济社会发展、增加就业和收入、推动科技进步等方面做出了非常重要贡献，成为促进我国经济发展、产业升级转型的重要力量。但当前民营经济和制造业发展仍面临着经营成本高、经营风险大、收益周期长、融资比较难等问题，导致其总体规模虽然大，但在经营中仍然面临很多风险。民营企业的创新能力受到了限制，发展活力也受到了影响，最终使得产业难以持续发展。持续推进降低增值税税率等实质性减税降费政策，让小型企业能够普遍受益，降低制造业的生产运营成本；让科技型和制造业的中小企业能够得到政府风险把控，确保民营企业和实体经济能充分享受减税降费政策的红利。

二、政务服务供给

在承担营商政务环境政府责任的过程中，政府不仅要制定政策制度，同时更要履行好对市场经营主体的管理和服务职能，为市场经营主体提供政府管理和政务服务是优化营商政务环境、促进中国经济发展的本质要求。

（一）许可审批减负服务

政府有责任通过在行政许可和行政审批环节的减负，降低企业的制度性交易成本，加强营商政务环境的建设。制度性交易成本主要是指企业因遵循政府制定的政策所需付出的成本。制度性交易成本的控制需要通过政府在提供行政许可和行政审批等服务时，在保证合理与科学的程序下，尽可能地降低准入门槛，并提高效率，从而实现为企业减负的目标。市场经营主体的主要目的是营利，在控制成本的情况下尽可能地提高自己的利润，在与政府责任密切相关的成本控制方面，制度性的交易成本是极为重要的一部分。例如，企业审批过程中需要等待的时间，得到行政许可事项所需要的资质并支付费用，当这些成本过高时，市场经营主体就会降低生产经营的积极性，一个地区的营商政务环境也会受到影响。因此，政府有责任控制交易成本，为行政许可和行政审批事项提供减负服务。

在当下市场经济环境较为成熟的情况下，对于小微企业来说，生存空间已经逐渐被压缩，然而他们都是促进社会经济发展、推动就业稳定的重要力量。因此，在这些小微企业的最初经营中，如何能够解决它们的困难也就变得极为重要。这时就需要发挥政府的职能，履行政府的责任。在具体措施上，政府需要学会"做减法"，在保证必要的资质审核的情况下，精简市场经营主体进行市场经营活动的审批事项，减少审批事项所需要的证明材料，降低行政许可的门槛，降低企业经营活动登记条件。此外还包括提高政府机关对市场经营主体在生产经营活动审批中的工作效率，避免因为程序上的拖延给企业造成生产经营上的损失。

政府为生产经营主体提供便民惠民的服务，不能仅局限于"做减法"，还要尝试"做加法"，就是提高便民、惠民的政务服务质量，尽管这是"做加法"，但依然是在行政审批和行政许可领域为市场主体提供减负服务。也就是说，政府不仅要减少许可和审批非必要的流程，同时要确保提供的服务是高质量的。例如，在审批流程执行完毕后，提供的经营许可内容应当是明确的；此外，依托新技术的新型政务服务方式，"推行政务一网通、无人审批服务"，这种高质量的服务同样是便民惠民的一部分。总而言之，积极落实"放管服"工作，为市场经营主体提供便民惠民的政务服务是政府的责任。

（二）基础设施建设服务

为了优化营商政务环境，政府有责任为市场经营主体提供水、电、气、网、环保、交通等基础设施，基础设施的供给水平是影响一个国家营商政务环境水平的重要因素。与社会自由流动的资源不同，基础设施建设服务具有极强的公共属性，一般只能由政府提供，而这些要素又是市场经营主体不可或缺的资源。基础设施水平直接决定了市场经营主体能否动用这些资源用于生产、开展业务，更关系到产业聚集优势能否充分发挥。

政府需要提供各类的基础设施服务。首先，政府要提供便利的交通设施，保证便捷的物流服务能够降低市场主体的生产成本和货物流转速度。通过修建铁路、公路、桥梁、港口等交通设施，提高货物运输的便捷性，使货物生产后减少延宕时间，提高企业的资金周转速度，降低货物储存成本。其次，政府需要提供水电网等基础设施。工业生产离不开电和水，提供高水平的水电服务可以保障工业生产的持续性，防止因为停水停电影响生产进度，健全的水电服务能够降低企业的生产成本，无须自行搭建公共资源的接入服务。良好的互联网设施能够方便拓展生产销售信息的交换，拓展货物的销售渠道，为市场主体提供方便。再则，政府需要提供环保支持，对于一些有污染但又不可或缺的产业，政府不仅要对企业进行环保评估，敦促其建立环保设施以降低污染，也应当给予其一定的支持，如一些废弃物并非完全能够由企业自行处理，或者说处理这些废弃物会给企业带来严重的负担，影响其生产经营的积极性，这时就需要政府发挥一定的作用。最后，政府也要在科教文卫等领域提供基础设施建设服务，如建设高校提供企业所需人才、兴建医院提供医疗服务，这些虽然不是直接的营商市场主体的经营活动，但对于企业来说，网罗人才并保障劳动力的身体和精神上的健康，同样至关重要。

总而言之，基础设施建设服务涉及社会领域的方方面面，是影响市场主体生产经营积极性的重要一环。政府有责任提供完善便捷的基础设施，保障市场主体能够利用各种资源投入到生产经营活动当中。

（三）资源配置引导服务

政府不仅在基础设施建设方面涉及科教文卫事业，而且有责任提供资源配置的引导服务。例如，政府不仅要建设高等院校以培养人才，也需要提供对接服务，将人才与市场主体进行对接，为市场主体的信用担保服务提供便利，引导技术创新资源向企业集聚。

首先，人才队伍同市场主体的对接需要政府的支持和引导。政府引导人才资源同市场主体对接，主要是通过一系列就业引导服务进行的。一方面，政府需要通过激励手段鼓励人才进入适合的企业就业，通过人才引进、人才落户和人才绿卡等方式将人才留住；另一方面，也要为市场主体提供引导服务，通过政府的公共资源，收集市场主体和人才的需求，组织招聘会双向服务，为企业提供人才资源服务，使其能够根据自身需求选择人才，同时为人才提供就业服务，保障其能发挥专业优势，进入理想的企业。

其次，政府应当引导科学技术创新资源同企业对接，增强企业的发展能力，推动区域产业效应的迸发。在具体措施上：第一，政府可以通过新技术对接，使企业进行技术改造，采用先进的技术工艺，淘汰落后产能，提高生产效率、降低成本；第二，政府可以帮助企业同科研单位对接，为企业建立技术开发部门，支持企业同科研院所和高校进行合作，发挥科研优势，产学结合，促进新技术、新产品的开发；第三，政府可以引导企业收购高校或科研单位的研究成果，通过创建高等院校科技园等方式，吸引企业将科研单位的成果转化为生产力。

最后，政府应当完善信用担保体制，引导企业同银行对接。第一，政府可以为中小企业设立专项帮扶基金，利用财政补贴扶持中小企业的技术发展；第二，政府可以为中小企业提供信贷担保，同银行协商，鼓励银行向中小企业提供贷款，解决中小企业贷款难、融资难等问题；第三，政府可以引导投资公司同中小企业对接，吸引社会资本对中小企业投资。

三、市场监督管理

市场监督管理是政府在建设营商政务环境过程中需要承担的另一项重要责任，也是营商政务环境建设中的重要组成部分。对市场经营主体的生产经营活动进行监督和管理，主要目的在于维护市场秩序，进而维护市场经营主体的各项合法权益，避免出现不正当竞争的行为。政府还要依据相应的法律、法规对违法的商业行为行使行政执法权，促进市场的公平交易，从而塑造良好的营商政务环境。政府进行市场监督管理必须树立科学的监督管理理念，明确清晰的监督管理权责，构建规范的监督管理方式。

（一）树立科学的监督管理理念

政府有责任对市场环境予以监督。如何监督以及怎样监督好市场经营主体，关系到政府责任的表现。政府对市场的监督管理需要一定的理论指导，明确正确的方向，因此市场监督管理开展的重点是要突破传统旧思维，选择科学的监督管理理念。政府需要从以下两个方面来承担监督管理责任：

第一，政府有责任引导监管人员树立科学的监管理念。市场的监管主体是政府部门，因此加强政府的监管人员的科学监管理念是最为基础的工作。政府需要促进各级监督管理人员转变思维,转变本位主义观念,维护社会的公共利益。政府要加强对监督管理人员的监管理念教育,同时增强监管人员权责统一的意识,保证监管人员在行使职权的过程中能够恪尽职守而又不谋私,并且使他们了解其监管中需要应对的实际问题和难题,用人性化的手段化解基层执法人员的不作为情绪,解决监管理念的矛盾冲突。

第二,政府有责任为市场经营主体展示科学的监管理念。得不到社会认同的监管理念必然不是科学的监管理念,要让市场经营主体形成自律意识,充分认可政府的监管理念,同样需要政府来发挥职能,承担相应的责任。监管部门需要协调市场各个领域的社会团体建立并健全自己所属领域的行业行为规范,这些社会团体(如各商会、行业协会)有充分的企业经营经验,对于行业中约定俗成的规则有着较为成熟的认识。因此,政府可以积极地向社会力量购买服务,支持社会力量在市场监管中发挥作用。政府要提高这些社会团体自主管理能力,同时也要让监管部门总结其中的经验,创新监督管理理念。

(二)明确清晰的监督管理权责

政府对市场经营主体进行监督管理的一个重要前提就是政府自身必须守法,因此,明确清晰的监督管理权责是政府承担营商政务环境建设责任的重要表现。政府承担责任的方式主要表现为落实监管权责,包括明确中央政府与地方政府在行使市场监督管理的权责,以及地方政府、上下级、各部门等整个系统行使市场监督管理的权责。

从建设统一规范的营商政务环境的角度来分析,市场监管应形成以中央政府事权为主的体系,但各地区市场经营主体的商业信息获取并不对称，因此市场监管如果划归到地方事权又存在一定的合理性。市场监管的责任应是中央政府和地方政府共同的责任，也就是说，这种责任的承担并非简单的垂直管理，并且地方分级管理也并非最佳的权责归属方式。结合目前中国特色社会主义市场经济的运行机制，政府需要进一步科学有效地厘清市场监督管理的权责归属，明确各级政府在市场监管中的职能。这既是提高市场监管效率的现实要求，也是监管问责的主要前提。因此，中央和各级地方政府应进一步梳理对市场经营主体监管的权责，制定责任清单，根据不同市场的发展状况和经营特点，发挥中央与地方各自的优势以及权责一致的管理原则，来科学划分市场监管事权和责任，以推进形成各级政府科学分工、有机合作的监管局面。

除了中央与地方的权责需要明确外，政府内各部门的权责同样需要明确。一些政府职能部门的权责范围存在一定的交叉，如果忽略这种权力的重叠就会造成"有权皆争"和"有责皆避"的问题。对于市场经营主体来说，如果就一个经营问题存在两个或两个以上的政府监督机构，那么必然也会存在两套监督管理标准，这会导致监督管理的不确定性，使市场经营主体不清楚应当遵守何种标准。反之，当政府机构对责任采用回避的态度就会造成监管的真空，一些不法的市场经营主体可能会"乘虚而入"，造成市场秩序的混乱。因此，政府内各部门的权责必须明确，对于存在权责交叉的部分，必须通过法律、法规、规章和规范性文件予以明确，保证正常的市场监管程序，从而建设良好的营商政务环境。

（三）用规范的监督管理方式

政府行使监督管理职权的方式对市场经营主体的生产经营活动具有直接影响。政府的执法活动只有合乎法律规范并且具有服务意识，才能得到市场经营主体的拥护，才能建设更好的营商政务环境。因此，规范的监督管理方式也是政府责任的具体表现。

政府在行使市场监管职权时，应当构建规范的监督管理方式，依法依规地处理市场经营主体的问题，推动市场经济的健康发展。政府部门必须尊重市场经济的规律，正确理解政府与市场经营主体之间的关系，行使的监督管理职权时必须考虑到市场经营主体的立场与现实条件，出发点也应当是为了企业发展的长远考虑。用行政权力干预市场的目的还是改善营商政务环境，为政府提供政务服务等"软环境"创造良好的条件。

除了发挥传统的监管职权，政府还应与时俱进，创新市场监管方式，提供高效、便捷、公平的监管方式，例如，"双随机"的监管方式可以有效地避免重复监督检查给企业造成的生产延误。再或者依托于大数据进行分析，对于敏感行业设置监管的权重指数，对有风险的企业的监管更具倾向性。此外，政府的监管必须具有服务意识。监管的目的不在于处罚，而在于服务，为企业指出所涉及的风险，为其提供整改建议。对于一些营商政务环境较好的地区，对于初犯且未造成恶劣影响的问题，政府部门在监管的过程中通常都不会立刻给予处罚，而是指出问题并且设身处地为市场经营主体着想，提供解决路径，并且与市场经营主体进行对接，方便及时地提供政策制度上的文本解读。

政府的监管需要具有社会性特征，对市场经营主体的监督管理方式不能是单方面的"发号施令"，这可能会忽略不同生产经营主体的特点。因此，政府的监管同样需要依靠社会合作，并且由于社会化主体之间存在差异，社会对不同主体造成的影响也存在差异，得到的反馈也有所不同，因此还需要充分尊重监管客体的差异性。

综上所述，政府应严格落实市场监管责任，优化监管资源配置，提高法治保障和市场监督管理的能力，加强市场监督管理的科学性，严肃处理行政执法不当行为，牢固树立"监管的目的是服务"的意识，发挥社会性职能，促进监管主体与客体的合作，切实维护市场公平竞争的秩序。

第三节　我国数字营商环境法治化建设

党的二十大报告指出，"高质量发展是全面建设社会主义现代化国家的首要任务"，要"加快发展数字经济，促进数字经济和实体经济深度融合，打造具有国际竞争力的数字产业集群"，代表数字经济发展外部环境总和的"数字营商环境"建设受到关注。

数字营商环境水平是各国新的竞争角力点。一方面，全球数字化进程加快，全球数字经济产业进入快速发展阶段，倒逼各经济体营商环境的数字化转型。另一方面，将评判营商环境数字化水平的相关指标纳入营商环境评价体系的做法已日渐成熟并逐渐成为国际共识，西方发达国家抢占数字高地、争夺数字话语权、以数字经济为发展突破口、围绕科技进行限制性竞争等愈发激烈。2022年2月4日，世界银行发布了最新版营商环境评价体系《宜商环境报告》（Business Enabling Environment，简称 BEE）的概念文件，以替代2021年9月17日中止的《营商环境报告》（Doing Business，简称 DB）。其中，"数字技术"首次作为跨领域主题置入全部指标领域之中，"法治化"依然是各二级指标的重点考察因素。在此背景下，明确我国数字营商环境建设路径、提升数字营商环境综合水平成为实现经济高质量发展的重点工作。

法治在营商环境建设中具有引领、推动、规范和保障作用，打造优质的数字营商环境离不开法治。将数字营商环境建设纳入法治化轨道是对数字经济健康发展的整体要求，也是构建统一开放、竞争有序的现代市场体系，实现国家治理体系和治理能力现代化的路径选择。尽管我国在数字营商环境法治化建设中已取得了一系列成果，但在对标国际高水平标准上仍有不足。鉴于此，笔者拟遵循"法治化"的逻辑脉络，从我国数字营商环境法治化建设现状出发，在总结分析营商环境数字化、法治化评价要求的基础上，提出构建我国数字营商环境发展的法治框架。

一、数字营商环境的主要国际评价方式

近年来，不少国际组织陆续将与数字经济相关的评价指标纳入营商环境评价体系之中，当前在国际上影响力较大的评价指标主要有八种：分别为世界银行发布的三个指数，DB中所含的数字评价要素（以下简称"DB指数"）、BEE中以数字技术指标为代表的数字评价要素（以下简称"BEE指数"），以及数字营商指数（Digital Business Indicators，以下简称"DBI指数"）；联合国国际电信联盟发布的信息通信技术发展指数（ICT Development Index）；联合国贸易和发展会议发布的企业对消费者电子商务指数（Business-to-Consumer Ecommerce Index）；联合国经济和社会事务部发布的电子政务发展指数（E-Government Development Index）；世界知识产权组织发布的全球创新指数（Global Innovation Index）；世界经济论坛发布的全球竞争力指数（Global Competitiveness Index）。理论界将该八种指数按其各自特征分为：对数字营商环境水平的试评价（DBI指数），对数字经济具体领域的专题评价（信息通信技术发展指数、企业对消费者电子商务指数、电子政务发展指数），对数字经济指标要素的综合评价（BEE指数、DB指数、全球创新指数、全球竞争力指数）三类。世界银行发布的BEE指数、DB指数、DBI指数可作为国际数字营商环境评价的代表性指标。

DB曾是中国"营造国际一流营商环境"建设过程中最重要的国际对标体系，是对我国国家治理改革和法治建设影响最大的国际项

目之一。虽然世界银行于 2021 年 9 月 17 日宣布中止 DB 的后续发布，并将用 BEE 项目替代。BEE 项目于 2023 年 1 月正式实施，至 2023 年最后三个月内发布第一版。从现有内容看，BEE 项目评估体系既有对 DB 相当程度的继承与延续，也有很大程度的创新、发展和提升。因此，在 BEE 完整公布之前，DB 的评价方法仍具有较大的借鉴意义。

DBI 指数则是世界银行聚焦全球数字经济发展的新产物，是世界银行在数字经济背景下对经济体数字营商环境的专门评估，是国际社会对数字营商环境指标化、标准化评估的创新结果，同时是当前国际上独有的、较为全面的数字营商环境评价体系。基于 DBI 指数的研发专家、机构与 DB 指数、BEE 指数具有共通性，该指数的评价方法有很大可能被 BEE 指数所参考引用，有必要对其进行系统分析。

（一）BEE 指数

BEE 项目由世界银行副行长、首席经济学家卡门·赖因哈特（Carmen Reinhart）负责。同 DB 项目相比，BEE 项目具有以下新特点：一是追求数据收集和报告过程的高标准。BEE 项目将对数据收集流程、数据采集协议、数据存储保护、数据透明度、公开可用性和结果可复制性等环节进行革新，建立一套新的营商环境国际评价数据采集与应用标准，并平衡专家咨询数据和直接来自公司层面的调查数据的应用比例，重点保障"精细数据"的可推广复制性。二是重塑 BEE 项目的工作目标和价值自信。世界银行将在 BEE 项目中推介其新的指标评价理念，具体涵盖推动经济改革、降低制度交易成本、畅通政企多主体对话渠道、打造全球公益产品、促进世界银行 2030 目标实现等。三是改进评价方法。BEE 项目将以"平衡"为核心，追求更为科学的评价方法。例如，BEE项目既从单个公司开展业务便利性的角度对营商环境进行评价，也从整个行业（部门）发展的角度进行评价，并针对不同角度设计不同方案，并且对评价结果进行量化平衡。又如，BEE项目贯彻"全流程"评价模式：既关注政府监管，也关注公共服务水平；既收集法律法规等规则信息，也收集反映实际执行情况的事实信息和测量结果。

从指标比较上看，BEE项目不仅将DB项目的观察指标"劳动力市场监察"和"政府采购"融合到了一级指标之中，还开创性地增加了两项跨领域指标，即"数字技术"与"环境可持续"。跨领域指标的内容将融入每项一级指标中进行评价，进而构成了BEE项目对数字营商环境与环保营商环境的新的指标评价模式。虽然世界银行尚未列明BEE指数的数字化要素的内涵与外延，但跨领域的指标使几乎所有一级指标都要在各自领域内满足数字技术应用与保障要求。例如，公用服务接入指标考量电子政务平台的建设水平，国际贸易指标考量单一关税窗口的使用便捷度，争端解决指标考量智慧法院、线上争议解决的建设与应用程度等。

（二）DB指数

自2001年起，世界银行每年发布DB报告，报告内容是对全球约190个国家或地区的营商环境的评估，包含11个一级指标以及23个二级指标。最近几年，DB报告对数字经济的关注度在不断增加。在2020年DB报告的前言部分，世界银行前行长戴维·马尔帕斯（David Malpass）开宗明义地指出："一般来说，得分最高的经济体具有几个特点，包括广泛使用电子系统和在线平台……"与BEE指数、DBI指数详细列明数字评价指标不同，世界银行在DB报告评价指标体系中并未明确区分或增设新的"数字评价指标"，而是通过在原有指标中增加数字化要素比重的方式，对经济体的数字营商环境水平进行间接评价，这也构成了 BEE 跨领域评价模式的制度来源。从 2020 年 DB 报告中可以看出，数字化程度的高低已直接影响经济体的得分。高分经济体具有以下特点：

第一，数字政务平台系统普及。2020 年排名前 20 的经济体均已设立电子政务系统（如一站式政务服务平台）、电子税务申报与支付平台、在线产权转让平台等。

第二，监管数字化程度高。世界银行肯定数字监管的运用对防止商业贿赂、保护少数投资者、防止脱逃税款、简化信贷程序、提高监管效率等方面的积极作用，认可数字赋能市场监管有益于规范市场秩序，促进市场竞争。

第三，数字信用平台（体系）建设水平较高。世界银行十分鼓励经济体构建数字信用平台（体系），并认为此举对经济体简化信贷程序、解决破产重整难题、提高争议解决效率等具有积极作用。

第四，在线产权变更方式普及。产权变更包括动产及不动产的登记、转让以及注销等事宜。世界银行认为产权变更的平台化、电子化有利于降低行政费用，提高产权保护水平，方便产权快速流动。

（三）DBI 指数

DBI 指数是独立于 BEE 指数、DB 指数的新兴指标评价项目。DBI 项目于 2017 年起开始实施，是专门针对经济体数字营商环境水平的试评价。DBI 指数包含网络连通性、数据隐私与安全性、物流、支付以及数字市场监管 5 个一级指标，下设 13 个二级指标。DBI 指数主要以问卷形式采集数据，通过向一国企业或政府发放问卷并对收集的信息进行统计、分析的方式得出评价结果。

二、数字营商环境国际评价体系的法治蕴含

(一)强调数据治理法治化

数据是数字经济的关键生产要素,是驱动数字经济创新发展的核心动能。数据在数字经济中的核心地位在三个指数评价中得到了充分体现,数据法治水平成为经济体数字营商环境评分高低的关键。各指数明确了数据治理依赖完善的制度规则,并构建了经济体的数据治理水平的直接与间接相结合的评价模式。例如,DBI指数将"数据隐私与安全性"作为一级指标进行直接评价,该指标项包括"个人(数据保护)权利"与"跨境数据流动"指标考量经济体对网络数据保护(个人隐私保护)水平、未成年网络用户的数据权益保护、平台数据使用责任、跨境数据流动等方面的法治水平。此外,DBI指数还在网络连通性、数字市场监管等指标中,将数据的合理使用、隐私保护、分类保护、跨境流动等评价环节融入指标事项中,如网络连通性指标中有关于"成员国是否对网络连通环节中的数据跨境传输进行立法"的调查,进而实现对经济体数据治理问题的间接评价。

BEE指数同样重视数据治理问题,不论是前述项目数据采集、使用上的严格合规要求,还是对各指标数字技术水平的遍布式评价,数据法治考量贯穿BEE项目自身运作及项目评价之中。以"企业准入"指标为例,BEE项目的"企业准入"指标包含三个二级指标:①企业准入法律制度质量;②数字公共服务和初创企业信息透明度水平;③企业准入效率。BEE项目明确指出第②项包含BEE指数内容的评价,具体包括三个细化指标(三级指标):第一,是否提供了用于企业注册和运营的在线服务,即企业注册运营过程中数字公共

服务的提供情况，如是否提供了电子平台、在线窗口、数字审批支持等；第二，企业注册和运营过程中使用的在线服务之间的协同性（相互操作性）；第三，企业信息的在线可用性和透明度。世界银行特别指出，收集此类含数字技术评价的三级指标的数据，将既通过专家渠道又通过公开访问数据渠道进行交叉验证，以保证数据的准确性。从这些指标事项中也可以看出，要满足BEE项目企业准入数字评价要素的要求，就需要制定完善的数据制度规则，以保证数据的收集、存储、分析、应用、积累、标准、质量、权属、交流、公开、保护等环节的运作效率和治理水平。BEE项目的数字法治评价已不仅局限于关注速度效率、制度负担等传统评价要素，还关注数字化运行背后的制度机制、规则架构、立法精度、执法水平的高低，是对公共数据流动、数据监管规制、数据开放共享等新问题的深度考察。

（二）关注数字平台的法治水平

"平台"是各指数指标内容的"高频词汇"。各指数不仅关注经济体电子政务平台、电子税务平台、信用平台、产权交易平台等与企业经营紧密相关的行政平台的建设水平，还关注电子商务平台、第三方支付平台、物流平台乃至互联网网站等与公民数字生活密切联系的数字平台的建设治理问题。平台的法治化程度是经济体平台建设水平高低的重要指征。例如，DBI指数在"数字市场监管"指标中对经济体是否对电子商务平台的消费者进行保护与是否对中介责任进行立法提出了要求；在"支付"指标项下的"对支付服务提供商的许可""付款的授权及处理"与"（支付）安全性"二级指标对经济体在线支付业务的立法规制水平提出了细节要求，包括是否对支付服务提供商风险承担水平进行立法规制（如是否要求银行独立开户、是否要求账户余额为正、是否需持牌、外包业务有无专门规定等）；对支付使用用户的权益保障（如是否对支付服务提供商的信息披露提出法律要求、是否有付款结算周期要求、是否有强制退款规定等）。DB 指数则在评价经济体数字信用平台建设水平过程中，对征信立法的情况进行了考察。BEE 指数是平台治理指标的"集大成者"，既吸收了 DBI 指数对支付、电子商务、物流等平台的法治要求，也吸收了 DB 指数对税务、贸易、审批、产权等平台的评价要素，并以跨领域评价模式鼓励经济体对企业全生命周期各环节搭建规制平台。例如，公用服务接入、劳工、金融服务、国际贸易、纳税等指标均包含对各自平台建设、使用情况及治理水平的评价。值得注意的是，与 DB 指数类似，BEE 指数也十分倡导"单一平台"建设目标，鼓励经济体将各环节平台纳入单一的政务平台或综合平台进行运作与管理，并针对大平台、关键平台进行专门治理、分类治理，提高经营效率，降低制度壁垒。总体而言，BEE 指数对经济体的平台综合治理能力提出了更高要求。

（三）重视数字市场公平竞争

三个指数均重点关注经济体数字市场准入的便利性与公平竞争水平的高低，鼓励经济体进行监管数字化转型。例如，对数字服务准入门槛、行政审批效能、数字平台服务和互联网服务规范程度等方面的关注，体现出对经济体市场准入便利性的考量；对经济体网络平台治理、恶意软件监管、数字知识产权保护、数字用户权益保护等问题的关切，则体现出对数字市场公平竞争问题的考察。实际上，经济体数字市场准入的便利性与公平竞争水平的高低是各指数在评价经济体数字市场"健康程度"的主要依据，两个要素常常同时出现。DBI 指数在网络连通性下的"通用访问权限"指标中，既关注经济体网络市场对于境外主体的开放问题，也关注经济体是否对境内外网络运营主体的财产权给予平等保护。在此基础上，是否有外商投资保护立法、是否设置了负面投资清单制度、是否有数字反垄断与反不正当竞争立法，以及数字市场监管法治水平等成为重要的评价要素。

BEE 指数则将对市场竞争问题的关注上升到了新高度。不仅将"市场竞争"新设为一级指标，并使用三个二级指标尽可能全面地衡量经济体市场竞争总体水平，包括：①市场竞争相关立法规范的质量；②市场竞争相关公共服务是否充分；③对市场竞争相关关键服务效率的评估。其中，第①项作为"法治评价"条款主要包括两个方面：一是对竞争立法质量的考察，如反垄断法规的制定与实施情况、消费者保护状况、市场监管执法质量等。二是对公共合同、招投标法规质量的考察，如政府采购法规的制定与实施情况、政府采购的透明度状况、企业信用体系建设水平等。这些评价要素同样需在跨领域的 BEE 指数中得到反映——即对经济体数字市场公平竞争法治水平进行全方位考察，包括对数字市场竞争立法水平、市场监管水平、政府采购平台等数字平台的治理水平的考察等。此外，上述评价要素也反映出各指数对经济体监管数字化转型的理念倡导，提倡远程监管、在线监管、电子签名、远程授权等数字监管技术在各主体市场行为中的普及运用。

（四）强化数字用户个人权益保护

近年来，国际社会对数字用户个人权益保护的呼声渐高，对数字权益被视为"人权"的组成部分这一观点基本达成共识。三个指数同样顺应时代趋势，在指标中引入了对网络数据安全、个人信息保护、平台责任、消费者保护等方面的立法考量，将"数字用户个

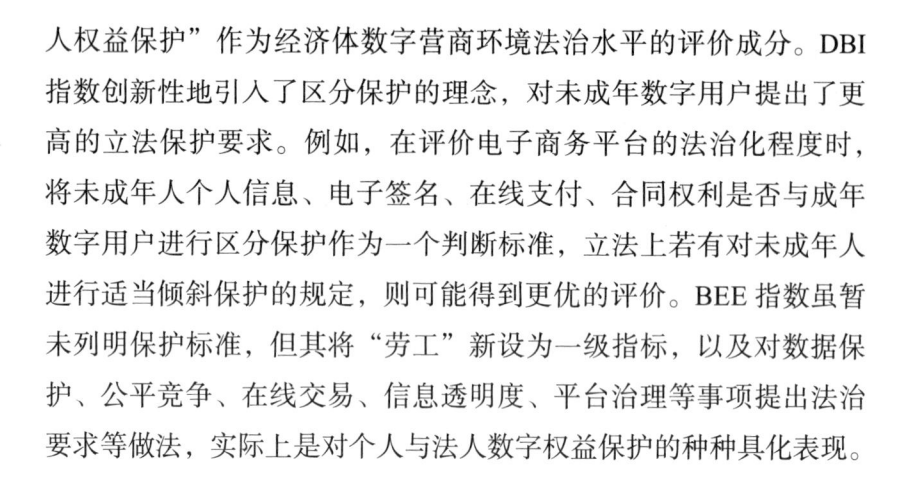

人权益保护"作为经济体数字营商环境法治水平的评价成分。DBI指数创新性地引入了区分保护的理念，对未成年数字用户提出了更高的立法保护要求。例如，在评价电子商务平台的法治化程度时，将未成年人个人信息、电子签名、在线支付、合同权利是否与成年数字用户进行区分保护作为一个判断标准，立法上若有对未成年人进行适当倾斜保护的规定，则可能得到更优的评价。BEE指数虽暂未列明保护标准，但其将"劳工"新设为一级指标，以及对数据保护、公平竞争、在线交易、信息透明度、平台治理等事项提出法治要求等做法，实际上是对个人与法人数字权益保护的种种具化表现。

三、数字营商环境法治化的中国实践

（一）数字营商环境的国家立法保障

近年来，我国将实现营商环境的市场化、法治化和国际化作为建设目标。新近数字领域的国家立法为数字营商环境提供了良好的法治保障。我国从数字经济细分领域入手，对涉及数字用户权益、网络行为、数字市场监管等问题进行专项立法，在法律层面形成了以《中华人民共和国网络安全法》(以下简称《网络安全法》)为指引，以《中华人民共和国电子商务法》(以下简称《电子商务法》)、《中华人民共和国数据安全法》(以下简称《数据安全法》)、《中华人民共和国个人信息保护法》(以下简称《个人信息保护法》)为核心，以《中华人民共和国密码法》(以下简称《密码法》)、《中华人民共和国电子签名法》(以下简称《电子签名法》)，以及其他部门法中的"数字条款"为细化补充的数字法律体系。简言之，2017年施行的《网络安全法》为我国网络安全发展制定了一系列准则，是我国网络法治化发展的导向标;2018年颁布的《电子商务法》保障了电子商务各方参与主体的合法权益、规范了电子商务行为、维护了电子商务市场公平竞争秩序,解决了数字营商环境建设中的平台用户责任、数字用户权益保护、在线平台监管、数字市场公平竞争等问题;2019年颁布的《密码法》填补了我国数字密码立法领域的空白,是区块链、大数据、人工智能、电子货币等加密产业的"密码基本法";2019年修正的《电子签名法》进一步放宽了电子签名的适用条件,丰富了电子签名的应用场景,满足了数字营商环境整体建设需求;2021年《数据安全法》与《个人信息保护法》的颁布为数据安全、个人信息保护、数据使用等数字营商环境建设的核心问题制定了相应准则。而除现有的六部数字立法外,原有部门法的制定、修订工作也给予数字经济前所未有的关注:《中华人民共和国消费者权益保护法》《中华人民共和国刑法修正案(九)》《中华人民共和国反不正当竞争法》《中华人民共和国著作权法》《中华人民共和国专利法》《中华人民共和国民法典》(人格权编)等相继补充了有关个人信息保护、数据安全、网络安全、电子商务、公平竞争等"数字条款",更好地发挥出各领域立法在营商环境数字化转型中的规则效用。

丰富的国家营商环境立法顺应了我国营商环境建设的数字化转型需求。2019年颁布的《优化营商环境条例》使我国成为全球首个从国家层面制定优化营商环境专门行政法规的国家,该条例将党的十八大、十九大以来中国深化"放管服"改革、优化营商环境的成功做法和实践经验制度化,将优化营商环境工作全面纳入法治化轨道,成为我国地方制定优化营商环境细则的指引。该条例对数字营商建设的关键性问题做了一系列规定,如第37条规定"国家加快建设全国一体化在线政务服务平台,推动政务服务事项在全国范围内实现'一网通办'"。在税务方面,提出"税务机关应当精简办税资料和流程，简并申报缴税次数，公开涉税事项办理时限，压减办税时间，加大推广使用电子发票的力度，逐步实现全程网上办税，持续优化纳税服务"；在监管执法方面，提出"充分运用互联网、大数据等技术手段，依托国家统一建立在线监管系统"等。2021年1月，中共中央、国务院印发《法治政府建设实施纲要（2021—2025年）》，提出了要加强信息技术领域立法，及时跟进研究数字经济、大数据、云计算等相关法律制度，抓紧补齐数字立法短板的整体要求，对完善数字营商环境的法治工作做出了部署，在第6条指出要"持续优化法治化营商环境。紧紧围绕贯彻新发展理念、构建新发展格局，打造稳定公平透明、可预期的法治化营商环境。深入实施《优化营商环境条例》。及时总结各地优化营商环境可复制可推广的经验做法，适时上升为法律法规制度。"将数字立法完善与数字营商环境建设纳入统一轨道。2021年发布的《中华人民共和国国民经济和社会发展第十四个五年规划和2035年远景目标纲要》《"十四五"数字经济发展规划》再次强调数字领域的机制体制改革，指出要加强重点领域与新兴领域的立法工作，通过立、改、废、释、纂并举的方式完善中国数字法律体系，促进数字经济规范发展。可以看出，我国已在国家层面对数字经济相关立法与制度改革工作做出全面部署，数字营商环境法治化建设成为新发展阶段法治建设的重点工作之一，数字法治发展进入"快车道"。

（二）地方营商环境条例中的"数字条款"

自《优化营商环境条例》及相关政策文件颁布后，我国各省市陆续开展区域内优化营商环境的行政立法工作。截至2022年1月，全国共有14个省、自治区，4个直辖市，7个地级市，2个经济特区发布了优化营商环境的地方条例；2个省发布了数字经济促进条例；

8个省、2个直辖市发布了数据条例或大数据发展条例。总结我国现有地方营商环境条例中的"数字条款",可归纳出以下特点:

一是普遍以 DB 项目、《优化营商环境条例》为立法参照,主推 DB 指标的数字化改革。大多数地方条例按 DB 项目中的企业全生命周期演进流程,对应制定了政府为企业开办、企业运行、企业采购、企业注销等事项提供数字化服务的计划,以此来提升营商环境的数字化水平。该举措实则顺应了 BEE 项目的指标数字化评价的变化,为适配 BEE 指标提供了良好基础。但现有地方条例对于 DBI 指数等数字营商环境专门评价指数的关注度总体较低,尚未做出特别调整,部分数字化举措缺乏前瞻性,技术手段占据主导地位而法治化要素相对不足,可能无法适应国际高标准评价要求。

二是注重平台建设,重点打造"一网通办"的政务服务平台。各地方条例基本明确了"通过运用互联网、云计算、大数据、区块链等现代化技术手段来提升行政服务效率和水平"的平台建设目标,并将囊括了税务、社会信用信息共享、口岸"单一窗口"服务等不同平台的一体化政务服务平台(体系)作为平台建设重点。

三是以营造公平竞争、准入便利的市场环境为目标,对新兴产业实行包容审慎监管。各地普遍鼓励外商对数字领域进行投资,鼓励创新发展,落实市场准入负面清单、政府权责清单等清单制度,对数字经济新兴产业出台了一系列激励保障政策,并在市场监管层面主推告知承诺制、事中事后监管、审慎包容监管、运用数字监管手段实现非现场监管等多种监管理念、措施,给予数字产业"监管容错"。

四是重视数字司法、智慧司法的建设工作。部分地方条例引入数字检察院、数字法院建设计划,倡导新技术与司法工作的深度融合,旨在构建系统化、数字化的争议解决方案,提升数字营商环境的司法保障水平。

四、我国数字营商环境法治化建设的实践反思

我国数字营商环境法治化建设业已形成"数字法律保障＋行政法规细化＋地方制度多元补充"的法治支撑体系，部分国家与地方实践已为适配 BEE 项目指标提前打好基础，但对标国际标准，部分环节仍有不足，重点问题突出，亟待进一步完善。

（一）数据治理规则体系不完备

从地方层面看，当前仅江苏省、陕西省、山西省等少数地方的营商环境条例中对数据治理问题做出了规定，绝大部分省市尚未在各自的营商环境条例中明确，或是另行出台地方数据治理规则。现有的地方营商环境条例中的"数据规则"在内容制定上也普遍较为模糊，仅对数据共享、数据保护、合法使用与过失追责等问题做原则性规定，且往往仅涉及政务、金融、司法等部分公共数据，尚未形成"大数据"框架下的公私数据统一治理模式。从国家层面看，我国在数据方面的立法也相对较为薄弱，除 2021 年颁布的《数据安全法》外，尚无其他数据专门规制立法，对国际评价指标所重视的数据的合理使用、隐私保护、分类保护、跨境流动、治理标准等核心问题尚未形成规范体系，与数据治理相关的基础设施建设、行政审批流程、争议解决方式、实施载体治理、跨部门跨区域协作等各实施发展环节亦有待国家高质量立法跟进。

（二）数字平台治理规则体系不健全

一是平台建设孤立复杂，缺乏融合性。由于缺乏对平台建设的全国性、系统化的实施规划，当前各地的平台建设计划纷繁复杂，

前期普遍以 DB 指标为参照，对金融、税收、信用、司法、支付、出行、物流、医疗、教育等诸多领域分类进行平台化构建。除政务平台、税务平台、公共信用平台等国家所倡导的"大平台"建设较有统一性外，各地往往还从自身实践与需求出发建立了一系列地方平台，如重庆市的"渝快办"政务服务平台、青海省的对外贸易交流平台等。平台丰富固然有其优越性，但考虑到跨省融合、全国平台一体化等远期目标，又恐有"重复建设""平台不兼容"等问题发生。此外，平台非开源、平台管理机制混乱、横向协作机制不健全等诸多现实问题，同样给未来平台融合工作带来了挑战。

二是平台相关规制立法缺位。如上所述，国际数字营商环境评价指标对种类丰富的平台提出了法治化要求，这些要求不但包含"厘清平台责任、加强平台用户权益保护、规范平台市场秩序"等共性要素，也包含对支付平台、信用平台、电子商务平台等较大规模平台法治化的单独要求。我国尚无法完全满足这些指标要件：一方面，与快速发展的平台经济相比，中国平台法治建设存在一定的滞后性，平台立法分散缺位，仅《电子商务法》一法尚无法解决平台治理所涉及的反垄断、税收、隐私保护、信用欺诈、劳工权益保护等"痛点"问题。关联立法尚未形成治理合力，平台乱象频发。另一方面，平台治理机制体制尚不健全，尚未实现平台的分级分类治理，对较大规模平台的法治调整不足，监管迟滞，能效较差，亟待平台治理模式的更新与规则体系的升级。

（三）监管的数字化法治化程度不足

一是对数字产业的监管能力相对不足。国际数字营商环境评价指标普遍对经济体的数字市场监管能力提出较高要求，准入便利、公平竞争、监管高效的数字市场环境特别受青睐。为鼓励新兴数字产业发展，我国在立法上确立了"包容审慎"的监管原则，这为我国一些数字创新走在全球前列创造了良好市场环境。但搜索引擎误导、网贷平台"爆雷"、电子商务平台"二选一"等问题的出现，也揭示出我国对数字产业的监管能效不足、监管力度不够、监管反应迟滞等突出问题。从实践看，当数字产业产生新问题，行政、司法力量的介入往往是采取专项行动，常有"急刹车""一刀切"的做法，不利于产业健康发展，易产生监管抑制性。且对"鼓励、容错、包容"的界限与限度，当前立法也没有给出清晰的界定，常伴有自主性与随意性，易造成监管失灵。

二是数字监管技术的运用不足。国际数字营商环境评价指标倡导经济体监管的数字化转型，鼓励新技术在监管过程中的运用，但我国当前仅在部分省市推行"互联网+监管"、非现场监管等新型监管模式，大数据、人工智能、"监管沙箱"等数字技术在市场监管的运用整体较为不足，传统监管模式占据主导地位。

三是监管职责划分不清。截至2020年底，我国已建立14个省级、12个地市区级大数据管理局，但从各地营商环境条例等规定上看，仅有江苏省等少数地方在其条例内载明"大数据管理机构"应在数据监管方面发挥职能效用。各地普遍未对数据、平台、用户、交易、安全、物流等数字经济细分领域的监管职责进行清晰划分，相应机制亟待优化完善。

第四节 我国先进地区优化营商环境的经验

一、上海市普陀区优化营商环境的经验

上海市普陀区于2021年3月1日正式出台100项优化普陀区营商环境的举措。普陀区政府始终坚持"服务是普陀的第一资源"的理念，重视优化营商环境，坚持立足实践，推行务实举措。从业务流程、数字化转型和解决实际问题三个层面着手，着力推行"店小二"的服务；对重点产业实行"三链融合"，形成合力，出台更多新的举措；进一步强化责任落实，加强合作，开创"比学赶超"新局面。

普陀区政府为优化营商环境，围绕企业办实事的痛难点问题，着力打造"靠'普'办"工作品牌，服务在企业各个发展阶段。切实当好企业"政府合伙人"以及"金牌店小二"双重身份。在企业设立、税收服务、建设项目审批和财产登记等方面，建立了线上和线下的政府支持系统，以提高线上服务的友好性、线下服务的便利性和公众满意度。

普陀区政府为优化营商环境，实施三种类型的工作机制：一是健全重大项目计划制定会议制度，将各类项目和问题统一解决，形成"集体讨论—跨部门协调—督促落实"闭环的工作，有效助推重大项目落地实施。二是建立和完善"商务环境体验官"制度，畅通政府与企业之间的沟通通道。三是落实企业服务委托制度，扩大对企业一对一服务的覆盖面，精准满足企业需求。

二、南京市优化营商环境的经验

近年来，南京市采取一系列措施，不断解决企业投资生产经营中的瓶颈和痛点。南京市重点打造工程建设项目审批制度改革，从竣工验收、区域评价、核发建筑许可证、施工图设计和消防设计审查等方面，对工程建设项目的审批进行了加速运行，优化了营商环境。

（一）全省首推"竣工即交付"

南京市在全省率先推行工程建设项目验收新模式，通过监督指导、建设全过程报告和检查平台、建立协同服务机制，推动实施联合竣工验收工作。浦口区实验小学海院西路校区项目原计划于2019年12月底开工，2021年8月底竣工。南京市将该项目列为建设项目竣工验收（交付使用）改革试点，相关审批部门协助建设单位在项目竣工后15天内完成了所有竣工验收手续，使交付使用提前完成，大大提高了验收效率。

此次"竣工即验收（交付）"改革构建了覆盖联合验收事项、市政公用服务事项以及中介服务全内容报验的"多验合一"服务体系。通过实施"竣工即交付"管理平台，制定了一个专题检查方案，将问题、材料清单、过程可视化和性能数据联系起来，确保了浦口区实验小学分校快速通过现场验收并按时投入使用。

（二）全面推进区域评估改革

南京市在11个省级以上开发区全面实施采矿用地、环境评估、地质灾害、气候可行性、洪水影响、文物保护、地震安全等区域评估，涵盖了近3—5年的建设需求，形成了涵盖工作原则、组织架构、政策制度、技术标准、成果实施等完整的链条式工作体系包。截至2022年第三季度末，共形成区域评价成果60余项，300多个（仅2021年前三季度就有130多个）建设项目应用了区域评价成果，实现了简化项目审批、提高项目企业满意度和获得感的目标。南京市通过区域评价简化项目审批的改革举措被列入住房和城乡建设部2021年第一批建设项目审批制度改革试点，并在全国推广。

（三）从"先批后建"到"先建后验"，探索分阶段发放施工许可

笔者了解到，近年来，南京市积极探索分阶段发放施工许可证，加快建设项目的工作审批，得到了项目单位的高度评价。一是试行告知承诺制。2020年初，印发《关于施工许可试行告知承诺制的通知》，明确列入市级以上重大项目清单的项目可采用通知承诺制进行审批。审批部门可先发放施工许可证，而不需要全部提交建设规划许可证、土地使用审批手续、消防设计审查和施工图审查等合格意见。浦口区仅用时半天便发出首张"告知承诺"许可证书；建邺区对相关项目强化跟踪监管，并纳入信用监管。二是创新社会投资项目分阶段施工报建模式。2020年以来共完成改革应用案例35个。三是探索审批新模式。为了加快开工速度，江北新区试点项目从"先批后建"到"先建后验"，不到20个工作日就完成了。

（四）实现并联审查、同步发证

南京市对施工图审查和消防设计审查许可的审批流程进行了整合和重新设计，同时对建设系统进行了重组。系统正式上线运行，

在全国首创实现"一次申报、全程网办、并联审查、同步发证",为市民提供服务。

三、徐州市优化营商环境的经验

近年来,江苏省徐州市从增强城市发展竞争力、提升社会文明程度、改善政治生态和人文环境的战略高度,跳出"地级市思维",对标全省乃至全国最高标准、最好水平和最优实践,压茬推进"建设年""提升年""深化年"活动,使营商环境建设从起点突破、向纵深发力、迈向一流,为推动高质量发展、建设淮海经济区中心城市提供优质营商环境保障。

第一,服务企业用心用情。徐州市在全国率先建立"有求必应、无事不扰"服务企业工作机制,在全省率先建立和完善了以"一中心、一平台、三体系"为核心的市县级企业服务中心和企业综合服务平台。企业服务平台上有17万多家企业,赢得了企业的欢迎和社会的赞誉。建立涉企部门服务企业的"金牌团队",打造"徐州"服务品牌,进一步提升服务企业的精准度和便捷度。推动惠企政策深入基层,制定实施一系列支持企业发展的政策措施,全面清理拖欠民营企业和中小企业的债务,真诚为企业送去党委政府的"善意"和"温暖",面对面倾听企业诉求。

第二,服务改革走深走实。徐州市成立市、县行政审批局,深入推进不见面审批(服务),力争实现"3550"目标(即企业3个工作日内注册开业、5个工作日内获得不动产权证、50个工作日内取得工业建设项目施工许可证),坚持以"权力瘦身"促进"市场健身",以改革为突破口为市场松绑,减轻企业负担,进一步释放活力,实现管理出公平、服务出便利。创新实施"一事一议""一窗受理""一枚印章管审批"等改革,审批事项办理时间明显压缩,审批效率明显提高,商事制度改革成效明显。统筹推进线上"一网通办"和线下"一门受理",事项审批环节和流程进一步优化。着力破解企业和群众工作中的堵点、痛点、难点问题,开展便民改革"双百行动",大力推动解决一批企业和群众的操心事、烦心事、揪心事。

第三,作风效能抓紧抓牢。徐州市大力构建亲清政商关系,制定出台政企互动正面清单和负面清单以及《政务失信责任追究暂行办法》,开展政务失信专项治理,实现年度政务失信零案件。制定营商环境建设考核办法,将县(市)区和省级以上开发区考核结果纳入全市高质量发展考核,将市直有关部门考核结果纳入全市服务高质量发展考核,发挥监督考核导向和激励作用。健全完善问题征集、督查落实、会议通报、考核问责五大机制,在全省范围内率先开展创新营商环境专项督查,把"不忘初心、牢记使命"主题教育作为"自选动作"开展专项整治,有效推动解决了一批制约营商环境建设的突出问题,机关服务意识不断增强。

第四,氛围营造有声有色。徐州市每年评选一批优秀营商案例和优质营商服务品牌,开展"万企评机关"活动,有效提升营商环境,使"人人都是营商环境,人人都代表徐州形象"成为共识。组织市级媒体开设"营商—赢商"专栏,策划推出"一把手·服务"系列报道,继续开展优秀案例评选活动,强化典型案例的示范效应,营造全社会参与优化营商环境的浓厚氛围。优化营商环境的经验和做法得到了省内外的关注和赞誉。

优化营商环境犹如逆水行舟,不进则退,慢进也是退,必须久久为功。从徐州市的案例中得到如下启示:在现有工作基础上要勇于改革创新,不断推陈出新,制定三年行动计划,以转变政府职能为核心,以创新体制机制为支撑,坚持市场化、法治化、国际化原则,持续推进改革年、数字突破年、系统集成年,加快形成与贯彻新发展理念的区域模式相适应、与淮海经济区中心城市地位相匹配的营商环境竞争优势，全力打造全国营商环境示范城市。

四、深圳市与长沙市优化营商环境的经验

（一）加快"互联网+政务服务"建设，推动数据互联互通

深圳市推出的"秒批"改革（无人干预自动审批服务），主要依托人工智能、大数据、互联网等先进技术，按照便利化、网络化、智能化的原则，进一步减时限、减材料、减环节，在教育、住房、医疗、社保、民政、公安等重点民生领域和公共服务事项的审批中，使整个审批流程得以优化、申请程序得以简化、操作流程得以细化。实现"秒批"的关键在于深圳市率先完成了全市数据的共享与交换，已实现政府上下级、部门之间、部门内部以及社会第三方数据共享。通过业务的高效协同、跨部门的信息流动，保障政务信息资源跨层级、跨部门传递，从而推动了电子公文、电子印章、身份认证和电子证照等数据资源的互信互认，大大提高了政府的行政效能。

长沙市整合现有各类政务平台资源，建立了统一的长沙市"互联网+政务服务"一体化平台，同时建成企业、个人申报材料共享库，使电子证照、批文等申报资料实时共享，跨部门、跨地区数据开放共享，信息孤岛得以打通。同时长沙市与多家银行签订了"互联网+不动产抵押登记"框架协议，开展线上抵押登记合作。企业及自然人可以通过手机等随时查询不动产登记信息，并且实现自助打证、自助领证。

（二）打造金融集市，直击中小微企业融资难、融资贵痛点

长沙市创新金融服务方式，打造金融集市，直击中小微企业融资难、融资贵的难点痛点。从2018年12月起，长沙市经济技术开发区在每个月的首个星期五下午开设金融服务集市，与企业面对面交流，助推小微企业发展。

在累计举办的20场金融集市中吸引了园区近400家企业，使其获得逾10亿元金融机构融资，支持企业120家，协助200多家企业申报各级资金补贴，为园区企业发展提供了高质量的金融服务。

金融集市的特色在于：一是使金融资源得以全面整合。长沙市通过大型金融集市活动召集了全市约80%以上银行机构参与，并邀请了会计师事务所、融资租赁公司、担保公司和小微贷款公司等多元化金融机构参加活动。除了提供传统金融手段外，还提供园区风险补偿基金、贷款贴息、过桥转贷等金融支持手段，实现普惠金融及综合服务园区全覆盖。二是不断丰富活动形式、创新服务模式。针对各创业园区企业的个性化需求，金融集市走进创业园区开展专场活动，解决企业难题。采取债权融资与股权投资并行的形式，多维度服务于园区企业。三是帮助企业打通融资服务的"最后一公里"。长沙市经济技术开发区在每场活动结束后，会由金融服务中心牵头组织开展一对一上门服务，为企业解决实际困难。

（三）完善保障监督机制，促进营商环境政策加速落地

为使营商环境进一步优化，长沙市完善保障监督机制，多措并举促进营商环境各项政策加速落地。一是长沙市委、市政府定期主持召开企业家座谈会，充分听取企业家意见，对其提出的意见和建议都逐条进行梳理，逐一交办，确保件件有落实、事事有反馈。二

是聘请营商环境特约监督员。长沙市从各行业聘请了100多名企业家担任营商环境监督员,对重要涉企政策的制定和出台提供咨询,对优化营商环境提出意见和建议。三是设置营商环境监测点。在各区县(市)、园区建立固定和随机的营商环境监测点,持续监督各领域各行业营商环境的突出问题。四是打造诚信政府。长沙市组织开展"新官不理旧账"专项治理行动和政府机构失信问题专项治理行动。同时对涉企政策持续开展兑现,对市政府及各部门出台的政策进行摸底,根据效力状态实施滚动式管理,对涉及市级层面的涉企财政政策条款,进行全面清理并及时兑现。

(四)完善政商关系正常沟通机制,营造亲清政商环境

深圳市在政企关系的维护上走在了全国前列,商业氛围浓郁。在政企沟通方面,深圳市政府在线推出"政企通"栏目,为政府与企业网上对话搭建平台。企业可以直接就所遇问题与政府相关部门进行对话,"政企通"设置专门版面对访谈问题进行跟进,保证企业提出的问题有着落、有回响、有反馈。此外,深圳市政府还提供"软服务",即在微信公众号、小程序等移动信息平台为企业提供咨询服务。用企业家自己的话说:在深圳,当企业不需要政府的时候,你感受不到政府的存在,当企业真正需要政府的时候,政府就在你的身边。

长沙市在建立政企沟通机制方面的举措包括:一是长沙市根据优势产业链项目,在全国首创产业链办公室,每条产业链由一位市级领导担任链长,直接帮助企业推动项目落地。二是组织企业相关人员参加人才培养、政策宣传、应用技术推广等活动。三是建立企业家参与涉企政策制定机制,鼓励支持优秀企业家在群团组织兼职。四是持续开展企业家权益保护行动,长沙市出台《关于优化营商环

境规范经济犯罪案件办理规定》《关于依法保障和服务民营经济健康发展的实施意见》等十大保护措施，保障企业家的人身和财产权利。针对经济犯罪问题，长沙市集中开展打击整治专项行动，建立涉企案件经济影响风险评估制度，维护企业家的合法权益。五是设置长沙经理学院。依托市委党校、行政学院、社会主义学院设置长沙经理学院，就政府的制度政策、办事流程、涉企措施等进行讲解，对企业中高层管理人员开展免费培训。

第四章 "互联网+政务服务"背景下优化营商环境的策略

第一节 制度层面的策略

一、完善法律法规制度,保障创新型改革实践

数字经济的蓬勃发展对我国营商环境建设提出了诸多新的要求,我们应重视当前我国营商环境数字化、法治化建设存在的不足,从如下几个方面予以完善:

（一）以完善数据治理规则为核心，加快营商环境法治化进程

第一，加强营商环境相关工作的立法。一是通过立法引导规范改革。变以往改革的"先破后立"为"先立后破"，切实加强立法与改革决策之间的衔接。一方面，要顺应改革，提高立法修法效能；另一方面，也要更进一步明确改革一定要在法治的框架之下进行，确保改革风险可控。二是通过立法细化各部门责任。一方面，要更精确地界定政务管理中各部门的职责，切实厘清并强化落实相关改革责任；另一方面，要通过立法有效融合各部门职能，加强各部门审批监管执法之间的法律衔接，确保各部门审批监管有效配合。

第二，加快建立数据治理体系。应尽快明晰中央与地方的数据主管机构的职责划分，并就各部门间数据共享制定横向、纵向管理规则，构建全国数据共享平台，规制数据的境内外流动。应在《数据安全法》《个人信息保护法》等立法实践基础上，加紧在国家层面对数据确权、数据流通、数据使用、数据要素化等议题进行立法研究工作，鼓励、指导地方政府将促进数据产业发展列入立法工作计划，加紧出台地方数据条例，明确各类主体的数据使用权责义务，规范数据使用流程与相应救济程序。

我国行政机关行政行为自由裁量的幅度较大。2004年，国务院发布了《全面推进依法行政实施纲要》(以下简称《纲要》)，提出了关于"合理行政"的要求，各地各级人民政府及其职能部门在落实《纲要》的过程中纷纷制定政府规章或规范性文件，对上位法中的自由裁量权加以细化，达到规范控制行政自由裁量权的目的。地方人民政府应当对法律、法规原则性、抽象性、弹性条款或裁量幅度过大的条款具体化、细化和量化，针对本地特色出台适合本地要求的地方数据条例，规范本地的数据治理工作。

第三，加快全国统一数据标准的专项研究。数据标准化是实现跨平台融合、数据有序流动、监管一体化等目标的基础工程。当前，我国数据分级分类、标准化工作已在部分行业领域率先开展，亟待全面铺开。未来，应加快涉及公共数据安全体系、公共数据源头质量和流动环节标准技术等方面的标准研制工作，理顺数据采集中的不规则关系，重点构建全国统一的数据分级分类标准，实现数据内部协调，明确数据使用边界。加紧对数字市场治理的标准化进行研究，尝试对数字市场安全、价值、效率、隐私等制定统一的标准规则，建立运行准则、行业规范、安全标准与通用评价模式等，以实现中国数字市场标准化监管治理的远期目标。

（二）以数字平台融合建设为重点，提升平台治理的法治化水平

第一，完善数字平台治理的规则与程序。应加强数字平台监管创新，重点解决平台垄断、线上线下不公平竞争、消费者权益保障、隐私保护、恶意软件侵害、数字知识产权保护、网络犯罪（如网络欺诈等）等突出问题，加紧通过立法解释或另立新法的方式，解决《电子商务法》调整过程中出现的平台治理规则碎片化、调整范围模糊、调整效力欠缺、监管不到位等法律问题。并可按照国际数字营商环境评价指标的相关要求，适当对平台的承压能力、透明度、可视化、第三方作用、平台协作、个人数字权益保护等问题予以关注，落实平台对交易信息核验、信用管理、产品和服务质量监督、网络和数据安全等方面的主体责任，完善平台与政府、用户的权责划分，适当对数字用户尤其是未成年用户予以倾斜保护。

第二，积极推动平台融合。应在全国范围内建立各省各级互联、协同联动的政务一体化平台，加强统筹规划及完善相应制度建设，

发挥大数据管理机构的融通作用，适当引入人工智能、大数据、云计算等先进技术，对各类平台数据进行优化整合，杜绝重复建设。

（三）以激发数字市场竞争活力为要义，推动监管数字化转型

一是在坚持鼓励创新、包容审慎监管理念的基础上，对数字产业的观察期制度、应急管理机制、监管介入制度、压力测试及危机保障制度等监管制度进行灵活调整，不应只在触及用户权益和安全底线时才介入监管，不应只在出现市场失灵时才使用监管手段。应加强对数字市场监管制度的研究，适当对数字业务准入、市场竞争、服务质量、用户权益、安全保障等环节进行监管创新。

二是加快数字监管技术的运用与推广。对于监管迟、监管难、监管不足等数字产业监管难题，可以尝试借助数字监管"工具箱"来解决问题。例如，运用"监管沙盒"来判断数字创新的安全性、监管效度、监管后果等；运用大数据、人工智能与区块链技术来构建重点行业的实时监测系统；借鉴欧盟数字反垄断监管"工具箱"来实现对平台垄断问题的有效监管，逐步实现我国各行业监管的数字化转型。

（四）以规范行政权力为目标，规范营商环境治理程序

任何实体的公正都必须以程序的公正为支撑。20世纪40年代以后，世界上许多国家和地区开始关注行政程序对行政行为，特别是行政自由裁量权的控制，陆续制定出行政程序法。利用公开、透明的程序，通过对行为过程的控制，督促行政权的合法公正行使，使行为结果趋向于合理合法。

第一,程序的存在可以监督行政机关依法行政。一方面,行政程序的存在可以让公民介入行政权的行使过程。在这个过程中,公民权成为行政权合法、正当行使的一种外在规范力量,并随时可以对行政权行使得是否合法、正当进行法律抗辩,并为行政机关行使职权提供反思的机会。正如有学者所说:行政程序作为一种科学而严格的意思表示规则,至少能使行政主体做出错误意思表示的危险降低到最低限度,为行政主体做准确的意思表示提供一种最大的可能性。另一方面,行政程序一旦设定并法律化后,行政主体行使享有权就必须遵守法定的方式、方法、步骤、时限,否则就要承担违反法定程序的法律责任。

第二,完善行政机关与公民之间的沟通机制,提高行政行为的社会可接受性程度。在遵循行政程序过程中,行政相对人与行政主体之间的矛盾得以缓和,行政相对人逐渐认同并自觉履行行政行为,从而提高了行政效率。所以说,程序对于公民权、行政权都是必要的。行政程序的存在,确保了行政机关在做出行政行为之前,实现与公民之间的意见沟通,为公民接受不利的行政行为奠定了心理基础,将裁量行为做出之后引起的社会震荡降低到最低限度。

第三,程序的存在弥补了"实体控权"的不足,使行政权行使"自由"而合理。用行政程序规范行政权可以避免传统实体规则控权机制的僵硬、死板。行政程序以行政行为过程为着眼点,要求行政权力行使必须符合公开、公正、公平的行政程序,这样既能防止政府实施行政行为的恣意、滥权,有效防止其滥用行政权,又不至于束缚政府的行为,使政府无法应对日益变化的、繁杂的现代社会经济事务,而且赋予政府应对未来各种具体情况或突发事件的广泛的裁量权。这样政府就可以放开手脚为"善",发挥政府在优化营商环境中应该发挥特别是只能由政府发挥的作用。

（五）以建立数字法治体系为目标，加快数字立法进程

第一，加快数字领域的立法与修法工作，加紧填补如平台反垄断、平台反不正当竞争、数字用户权利保障、数据确权、数据跨境流动、数字产权保护等重点领域的立法空白。并应加紧完善各类细则，对规则碎片化、职权划分不明确、各地制度建设不均衡等数字立法实践问题做出回应。

第二，加快不同层级数字立法的整合、统一与清理工作，在研判部分地方先进立法经验的基础上，加快制定涉及全国数据治理、平台治理、数字用户权益保障、各类数字产业发展的专项指引政策与专门立法规划。实证研究表明，地方政府规范性文件是我国地方营商法治环节的主要制度载体，也是可推广、可借鉴的丰富经验。浙江省、广东省、上海市等地制定的数字经济促进条例、数据条例、大数据发展条例等地方性法规，为国家层面的数字立法、政策制定工作提供了良好范本。随着我国数字经济比重的不断提升，数字经济不再仅局限于部分经济较发达地市，而是可以全国铺开的经济发展模式。因而，国家层面的数字经济发展各专项指引政策与立法也应在总结地方实践经验的基础上适时颁布，在全国范围内统筹数字经济发展，进一步提升数字经济在我国经济发展中的比重，鼓励地方政府在适当阶段对地方营商环境条例做出修改，增加、完善地方数字营商环境建设的相应规范。

第三，统筹国内法治和国际法治，推进国内数字法律建设和国际数字规则制定的协调发展。当前，国际数字营商环境评价体系仍是新兴产物，可待修改、调整与纵深细化的要素依然很多。我国应积极参与国际数字规则的制定与修改进程，及时跟进国际数字营商环境评价指标体系的研究，既要结合国情适当借鉴学习，也要贡献中国智慧，推进全球数字治理变革。

二、加强顶层设计，制定区域性"互联网＋政务服务"建设发展规划

2022年3月1日国务院印发的《关于加快推进政务服务标准化规范化便利化的指导意见》提出，要"加强国家政务服务标准总体框架设计，研究制定政务服务标准化发展规划。依托全国行政管理和服务标准化技术委员会，制定国家政务服务标准化工作指南和修订计划，建立健全政务服务事项管理、政务服务中心建设、政务服务实施、便民热线运行、服务评估评价等标准规范，持续完善全国一体化政务服务平台标准规范体系。建立标准研制、试点验证、审查发布、推广实施、效果评估和监督保障等闭环运行机制"。从新公共管理理论、整体性政府理论、数字治理理论的角度出发，地方政府职能部门要对进一步优化政务服务积极做出相应顶层设计和工作部署，做好区域性"互联网＋政务服务"建设发展统筹规划工作。顶层设计要具体涵盖组织机构、行政权力梳理、工作治理、编程监察体系构建、信息平台建设、数据标准规范等各方面。我国电子政务建设发展的战略性安排是推动跨部门、跨系统协同应用，顶层设计可对电子政务大系统整体布局，以使系统内各要素高效组合运行，可有效保障政令畅通、自我反馈、自我更新。同时要坚持"互联网＋"思维，强化试点的顶层设计，要重视改革试点碰到的新问题和矛盾点，对未来可能产生的新变化、新风险要有提前防范意识，尽快对原有规划进行重新设计和修订。另外，在战略层面上，要加强数字治理、智慧政务建设的顶层设计，探索打造智能化平台，基于大数据平台构建智能算法模型。具体来说，包括三个方面：一是提供用户搜索智能化服务，让用户搜索更精准；二是根据用户画像和行为数据，主动向用户智能推送相关办事事项，实现政务服务"一键触达"；三是通过智能算法模型的修正、迭代和驯化，使政务服务智能

化水平越来越高。

三、建立多层次、多部门政务服务联动的长效协同机制

为加强业务协同，提升沟通协调效率，根据新公共管理理论、整体性政府理论，可以建立多层次、多部门政务服务联动的长效协同机制，联合解决"互联网＋政务服务"过程中遇到的各种问题。

第一，可以实行行政审批局和其他业务主管部门定期会商会办制度，如政务服务事项办理所涉及的法律、法规、规章等有调整变化，部门之间应当及时互通信息。涉及"申请容缺预审""拿地即开工"等重大产业项目手续办理时，为有效解决审批过程中存在的难点和堵点问题，需各业务部门会商，做好联合审批服务工作。对于区级层面解决不了、需要请示上级业务主管部门意见的问题，业务主管部门要积极配合向市级、省级报告协调，推动建立本级行政审批局与上下级业务主管部门的直接联系渠道，促进政策信息共享、业务协同服务。

第二，可以采用联席会议形式，当会商事项较为复杂或者涉及多个部门时，可以召集跨部门联席会议，协商解决涉及重大公共利益事项或部门间难以达成一致意见的重大、疑难、复杂问题，摒弃各自为政、自成壁垒的消极思想，就相对集中行政许可事项和未划转行政审批事项，共同向企业和群众提供规范、便利、高效的政务服务。

四、建立政务服务监控制度

（一）建立健全全方位监督体系

政府监督体系的建立，确保了服务提供符合服务系统内部的质量规范，检测服务提供过程、岗位、人员、职责、规范的履行等是否达到了预先设定的评价标准，实际是对服务提供的规范程度、完成程度等进行的测评，侧重于流程的标准化和工作的规范化。

首先，改进内部评价标准。通过梳理业务流程，明确政务服务每个流程环节的关键节点，根据业务流程节点对每位工作人员的工作表现进行打分，以精准评价每位工作人员的工作绩效。并以业务流程节点作为权责划分的标准，清晰界定各政务服务流程环节中各职能部门的权责，并设立相应的责任追究制度。

其次，专业评价与工作评价双管齐下。政务服务管理部门应重视营商环境"红黑榜"评比制度，配套并不断完善相关机制，使"红黑榜"制度嵌入政务服务管理过程。建立服务于营商环境"红黑榜"评价结果的考核机制，以带动专业评价与考核机制作用的有效结合，要求政府既要重视"红榜"中做得好的地方，也要重视"黑榜"中指出的问题，健全营商环境"红黑榜"奖惩制度和信息公开制度，将第三方评估结果纳入部门以及个人绩效考核。同时，建立营商环境"红黑榜"评价长效机制，通过分析第三方评估机构给出"好评"与"差评"的原因，形成规律性总结，并以问题为导向对存在不足的环节进行改善。

最后，全面落实政务服务"好差评"制度。政务服务管理部门应全面落实政务服务"好差评"制度，发挥好"好差评"的目标指导作用，使广大群众积极参与到政务服务"好差评"评价中，提升办事群众的满意度。

（二）构建"以人为本"的激励机制

监督的作用在于规范服务工作，提升服务效率，是政务服务质量持续改进的重要保障。为优化监督体系，政府在逐渐改善部门考评机制的同时，通过引入第三方专业评估以及加大公众评价力度，形成了强有力的"内外监督"机制。但这种高强度的监督机制，使工作人员不仅面临着部门的考核压力，还要接受公众的直接考评，这无疑会给工作人员带来工作压力和心理负担。与此同时，相对应的激励机制却未得到重视，各级政府主要以"政务服务优秀服务之星"这样的精神激励为主。缺乏监督机制，并与激励机制不匹配，挫伤了工作人员的积极性，不利于政务服务质量的持续改进。因此，政府应注重激励机制的完善，使监督机制与激励机制相辅相成。首先，优化绩效考评机制。针对不同类别、不同层级和职务的工作人员制定不同的考评标准，缩小公务员编制、事业编制与合同编制人员之间的奖励差距。其次，统筹安排、协调好管理部门和职能部门考评结果的衔接工作，做到日常考评及时反馈，年终考评统一标准。最后，加强对基层工作人员的心理疏导，减轻其心理负担；针对公众满意度进行考评，要完善错误评价纠正机制，公众的不合理打分不应计入考评结果。

（三）完善动态调整机制

随着"放管服"改革的持续推进，行政审批的相关法律政策以及各行政部门权责的不断调整，政务服务的权责清单、服务内容和服务模式也需随着改革进行调整。为了保证政务服务事项的规范性、真实性和准确性，政府应该建立系统化的动态调整机制。首先，实施全流程的动态监管，从政务服务权责清单梳理阶段到事项权责清单编制阶段，再到最后的权责清单实施阶段，实现每个环节监管的无缝衔接。同时，通过及时的信息公开使公众参与到监督过程中，实现动态监督。其次，建立内部反馈机制，畅通内部从下至上的反馈渠道，听取基层工作人员的反馈建议，对基层工作人员疑惑的地方进行解释，对提出存在问题的环节进行改善，通过组织内部有效的上下反馈，实现动态调整，确保工作的顺利开展。最后，从全局出发，提高组织结构、资源分配、工作流程的灵活性，赋予政务服务体系可更改的合理化空间，以便适应不断变化的制度和技术环境。

五、完善营商政务环境制度

（一）建立营商政务环境应需服务制度

营商环境领域政策的制定对营商政务环境具有深刻影响，无法满足市场主体需求的政策无法平衡政商关系。作为营商政务硬环境的重要组成部分，营商环境领域政策在法治层面保障市场主体的需求，形成"有法可依""有令可循"的环境，使市场主体的需求在政商关系中起到导向作用，才能够建设好服务型、法治化营商环境。

1. 优化法治保障无缝隙的营商制度体系

第一，营商政务环境的制度体系建设所依托的首要内容是政策文件，政策的出台是对营商政务环境最具约束力的规则，是营商政务环境法治化的基本要求。因此，政府要加强法律法规体系建设，改进近年来政策数量逐渐走低的现象，发挥政府"有形的手"的重大作用。上海市、南京市等先进城市每1—2年制定优化营商环境100条的政策实施方案，如上海市制定的《上海市贯彻落实国家进一步扩大开放重大举措加快建立开放型经济新体制行动方案》、南京市制定的《南京市优化营商环境100条》等。这些城市充分了解年度市场主体需求内容并加以更新，有针对性地、及时地展开政策制定工作，丰富营商制度体系，更好地服务于市场主体，提供无缝隙的法治保障，从制度层面给予市场主体安全感，营造稳定化、全面化、应需化的营商政务制度硬环境。

第二，营商政务环境的建设要牢记现阶段市场主体在我国营商政务环境制度建设层面的关键作用，政府通过建设营商制度体系对市场主体进行保护，保证政策体系无缝隙、政策标准规范化、政策待遇无差别。对政策的制定秉承针对性、操作性、实效性的原则，深入了解市场主体需求而不是对上级政策中的重点内容进行细化落实。制定符合本地实际情况的营商环境条例而不是直接执行国务院颁布或本地出台的《优化营商环境条例》，要立足本地实际把握与出台惠企政策，制定如辽宁省执行的《辽宁省优化营商环境条例》、上海市执行的《上海市营商环境条例》一样的针对性条例，将政策的制定重视起来并落到实处，按需制定科学合理的营商制度，使营商政务环境下的市场主体运营得到切实的法治化保障。

2. 市场管理制度以鼓励创新容错为导向

深化"放管服"改革是我国优化营商环境的核心。市场主体作为社会经济发展与运行的主要参与者，是经济财富的创造者，也是经济社会稳定发展的重要力量。国家从顶层设计上大力开展"放管服"改革，是对政府与市场关系把握的重要举措，是转变政府职能、建设服务型政府的关键内容。全面深化"放管服"改革要求简政放权、放管结合、优化服务，是改革过程中的核心环节。从政策文本关键词分析来看，2017—2021年以来制度建设在服务领域加大力度，为优化服务做出了制度保障，但放管结合问题仍有待完善。

第一，从市场主体角度来看，受政策环境逐渐走低影响，目前市场机制处于亚健康状态，从营商环境评价报告来看，与整体营商环境水平不相匹配，需要进一步放活市场、刺激市场良性竞争。可以吸取深圳市的促进市场良性竞争以求促进创新与挖掘潜在价值的成功经验。要处理好政府与市场的关系，更大程度地激发市场活力和社会创造力，加大放宽市场准入条件的力度，提升招商引资吸引力。从制度层面落实简政放权、放管结合的改革思想，建立起准入畅通、开放自主、竞争有序、秩序规范的公平公正市场管理制度体系。

第二，从政府管理角度来看，要以市场主体作为主要导向，为其营造公平公正的市场秩序，严格治理目前由于缺乏部分政策所导致的少数市场秩序混乱的现象。在此基础上，政府要鼓励创新、创业，重视民营企业在市场经济中的主体地位及中小微企业在经济发展中的重要作用。需要在目前制定的《政务服务容缺受理办法》的基础上继续深化管理制度，通过建立创新容错机制提升企业的投资信心，吸引更多的民营企业、中小微企业参与市场，激发市场活力和社会创造力，建立以顾客为导向的营商政务环境制度体系。

（二）以服务为导向对政务制度流程进行优化再造

优化营商政务环境的关键是对现有的不良结构进行优化再造，改变营商环境改革以来政府部门内部对职能的转变与整合的适应不良情况，从建设便利化营商政务环境出发，运用对政府流程再造思想，弥补政府现有服务制度结构性缺陷，缩短服务时限。

1. 完善以整合流程为目标的并联审批制度

"十四五"开局以来，我国更加重视对行政审批进行全面的优化改进，深化"证照分离"改革，取消冗余审批项目，优化政府权责配置。

第一，要理顺审批过程中的政府权责问题，处理好审批组织内部权力的分配问题。目前，在"一网通办"改革中，对政府服务部门的职能进行了诸多改变与整合，使部分基层政府工作部门尚未跟上改革节奏。政府需要重新整合多主体、多层级化政府服务结构，并牵头组织部门成立并联审批管理与服务组织，解决多头审批造成的秩序混乱问题。针对政府内部结构问题，对审批服务流程进行优化再造，以整合出更加明确的政府层级化职责关系与重点，实现政府部门内部的有机结合与实时联动，建立健全并联审批制度，通过合并、取消审批事项并精简下放，对政府职能进行合理分权、整合优化，实现对审批服务的便利度与精准性的把握。

第二，深化行政审批制度改革的总体思路以顾客需求为导向，但从目前的政务满意度调查结果来看，调查结果中满意度低的现象是目前政务服务无法满足市场主体需求的表现，这种问题主要集中在行政审批领域，其中政务公开的问题占多数，那么从本质上是行政审批制度对信息的处理失当导致的，需要对审批信息进行调整与完善。"互联网＋政务服务"的展开是开展行政审批服务信息化改革的重要举措，在此基础上要有针对性地积极开展政府信息公开制度，并在政府内部加强信息资源共享，通过对信息资源的整合，架构并联审批制度体系，保证多主体、多层次的审批服务中信息的畅通性与完整性，使审批流程不再受信息碎片化、主体间联通不畅限制。目前，建设的政府网站与政务服务网营造了良好的网络信息环境，需要在此基础上制定相关政策，保障网络信息的规范性与整合度，还要从制度层面来深度引导线上线下审批流程与审批信息的有机结合，实现便利高效的营商政务审批环境。

2. 优化再造服务层级制度

"放管服"改革、优化营商环境的重心都在于优化以顾客为导向的涉企政务服务建设。而涉企服务是以顾客需求为导向的，其具体内容要从制度层面进行推动。服务制度是促进营商政务环境优化发展的重要手段，要进行有关建设，提高政府服务职能是首要举措。

为了解决政务服务改革过程中的基层服务部门及工作人员配置问题，首先，要从自身政府组织结构特点出发，优化服务层级制度，对政务服务体系进行精细化层级建设，明确划分市、区/县、乡/镇、村、社区的层级服务结构体系，根据实际情况下放服务权力与职能，针对营商政务环境中出现的运转不灵及缺乏一致性的现象进行便利化优化再造，解决营商政务环境过程中服务不一致的问题，更好地提供便利化服务。

其次，营商环境政务服务流程建立在服务项目、服务信息等内容的基础上，在进行营商政务环境的服务制度优化再造时，需要结合无缝隙政府理论，在政务服务项目方面进行政务服务项目分层制度管理，对项目数据进行分类。在政务服务信息方面，只有对服务信息建立制度性标准化规范，才能从根源上厘清目前仍然存在的分权越权、权责不清的政府部门间关系，直接从服务的基础内容进行层次化建设，在为政务服务提供便利的同时促进办事效率的提高。

最后，服务效能不均的政府结构问题，必然需要运用科学的制度手段进行优化并合理再造，以满足市场主体的需求。对服务制度的推进又有赖于政府间信息的畅通与交流，所以要建立营商部门层级协调沟通机制，以制度化手段保障沟通平台的畅通运行，这对政府部门职能的专业化、责任的明确性有着重要作用。此外，健全部门层级沟通与协调机制能够促进政府间协同发展，创造快捷便利的营商政务环境条件。

（三）以高质高效为目标推进服务制度创新性变革

新公共管理理论的核心在于强调公共服务高效率，认为政府应重视管理活动的产出与提供服务的质量，主张政府公共部门引入企业管理的成功经验与方式，形成新型政府管理模式。这一理论观点使政府管理、行政、服务方式有了创新性变革，为优化建设营商环境工作带来了极大启发与改变。地方政府也应顺应改革潮流，将高质量、高效率作为首要目标进行制度的创新变革，给营商政务环境优化建设工作提供制度支撑。

1.推进以提升质量为目的的良性竞争制度

合理化、科学化的竞争机制有利于打破原有政府独家提供公共服务而形成的行政性垄断局势，在新公共管理理论指导下，引入竞争机制进行创新性营商政务环境优化建设，不但有利于政府服务质量与效率的优化提高，激发行政责任感与竞争力，还有助于提高市场主体的活力与积极性。

第一，创新行政服务制度，引入市场竞争机制，保障服务高质高效。在新公共管理理论竞争思想下，营商环境改革的进行不仅要求政府转变职能、简政放权、机构精简，还要改变政府具有的垄断倾向，这正为行政性垄断的改革提供了理论依据。地方政府应在此行动理论基础上，以提供高质量、高效率的营商政务环境为目标，在对营商环境进行宏观管控的同时，创新性地将竞争机制引入营商政务环境领域，在一定范围内允许和鼓励私营部门进入营商环境领域提供相关服务，通过制定相关制度举措促进新型服务模式的尝试。例如，学习长春市等城市将"政银合作"模式深入推进，在多个银行网点能够真正实现企业开办"一网通办"，而杜绝现存的资源多数向政务服务中心倾斜、银行网点名不副实的现象；学习北京市等城市将公共服务企业全面引入政务服务中心，涵盖供水、排水、燃气、热力、电力、电信等各种基础设施与银行、公安局等各个办事部门，源头解决仍存在的"一网不通办、线上线下跑"的问题。借由市场机制对政府行政服务系统的碰撞，对服务供给、劳动力、资源等进行重新配置，塑造"整体闭环、内部竞争"的统一开放、竞争有序的服务供给环境，进而为市场主体提供高质量、高水平的营商政务环境。

第二，创新资源配置制度，引入良性竞争形式，激发公共服务活力。根据新公共管理理论，在政府服务资源配置方面，引入竞争机制在一定程度上是有利于政务服务的优化供给的。在良性竞争的刺激下，政务服务的质量与效率都能够得到有效提升，产生更好的经济效益与社会效益。可以通过学习地方政府竞争的优秀经验，创新性地进行县际竞争，即以县政府为主体、以一个县的地域为边界的县与县之间在经济建设上相互竞争的发展模式，并可扩展为区际竞争与乡镇间的竞争。县际竞争这一模式需要上升到制度层面，以科学的政策法规引导竞争良性发展，促进市以下的各级政府最大限度地合理配置资源，为市场主体提供良好营商政务环境，刺激经济体制改革与行政体制改革的同时激发政府内部活力，提高办事效率，促进营商政务环境质量优化。但与此同时，要通过制度建设严格规范政府行为、保障市场健康秩序，防止良性竞争"恶性化"，避免各区域政府单位采取行政手段限制外地商品和服务流入本地，达成"恶性政企合作"共识，对当地企业进行"扶持"使之隔绝于市场竞争，达到扩大本地经济效益的目的。因此，可以充分学习《关于在市场体系建设中建立公平竞争审查制度的意见》《公平竞争审查制度实施细则》等政策文件并充分内化,在创新竞争基础上建立公平竞争审查制度,约束政府在营商政务环境运行中的行为,以确保政府在未来不会破坏市场公平竞争秩序。

2. 以制度为手段推进高水平服务队伍建设

良好的营商政务环境建设需要人才的助推与营造,人才越多,服务队伍的办事质量与服务效率越高,这与新公共管理理论思想相契合,认为政府着重关注公共部门所直接提供的服务质量与效率,而不是过多地重视执行的"行政人"。政府也应着力强化行政服务人才队伍建设,助力营商政务环境优化,奠定坚实的服务保障基础。

第一,强化行为规范制度,助力改进服务质量。在新公共管理理论指导下,对营商环境的优化建设应将提升质量与效率作为主要目标,确保服务结果满足顾客或市场需求。因而在营商政务环境优化工作进行中,政府面向市场主体提供服务首先要确保行政人员具有一定的工作素养,能够满足顾客需求。面对营商政务环境目前仍存在的"官本位""行政人"思想与"多做多错、少做少错"等现象,最先需要解决的应是直接面向顾客具体执行服务的基层服务单位及行政人员行为的质量问题。应先从行政服务行为入手进行强化,先进行相关学习培训力度的强化,建立起"公正诚信、服务优先"行为理念,并在通过实施周例会制度提升服务能力的同时,促进政务服务行为的发展与强化。针对近年的实际情况,要将"人才大篷车"品牌建设工作深入落实,通过引进高素质人才,带动基层服务队伍文化建设,促使基层服务队伍的每一位行政人员都能够拥有强烈的服务意识并投身于服务之中,形成高水平的服务队伍,而不是对服务品牌建设"深入浅出"地执行。为塑造与强化基层服务队伍服务工作的效率化、主动化行为规范，要创新早中晚延时服务工作机制，在切实履行岗位责任的同时加大服务力度，真正为顾客提供便利优质营商政务环境，严格杜绝"上班时间没空办事，下班时间没处办事"现象再发生。

　　第二，强化绩效评估制度，科学引导队伍建设。政府在优化营商政务环境时，在新公共管理理论指导下应广泛采用私营部门的成功管理经验与手段，使营商政务环境灵活化，采取引入目标管理、绩效评估等方法提高政务服务效率。首先，应通过放松行政约束力度来改善部分基层队伍刻板遵循规则影响服务质量的情况，深入推广容错纠错机制建设，力求在规则范围内从制度层面给予改革者、创新者以保障和激励，为政务服务人员科学放松放宽规则的"束缚"，促进政务服务队伍的办事热情与大胆作为，营造积极灵活的营商政务环境。其次，应强化营商政务环境目标管理导向，在意识到基层服务能力不达标后及时改进现有政府部门的绩效考核制度。充分学习重庆市、杭州市等的成功制度经验，丰富原有考核评价指标体系，变普适性指标内容为符合实际的有侧重的指标内容；丰富公众的回应机制与参与机制，建立有效联通的公众参与评价机制，使评价结果更加公正透明；丰富激励机制的制度支撑，改变在强化奖惩机制过程中出现的追责处分与正向激励力度不平衡的现状。最后，要强化政府绩效考核制度，可创新性地将干部个人考核与部门整体考核结果相关联，提高领导干部对基层服务队伍的重视程度，促进任务的科学分配，以促进刺激基层服务部门及行政人员能力的发展与行政效能的提升。基层服务队伍的整体素质得到提升，政府才能更好地从"距离企业最近的地方"提供更加高质量的营商政务环境。

（四）以管理制度为保障建构结果导向型管理框架

新公共管理理论与无缝隙政府理论都强调服务结果，因此政府公共服务的优化建设应以结果为导向展开工作。服务型政府的建构是对政府职能的转变，需要对政府管理进行创新，这涵盖了管理理念、制度建设、管理职能、管理方式等各方面内容。营商政务环境的建设是政府职能转变的重点内容，在深化改革过程中，需要对管理进行创新建设，才能够建设以结果为导向的营商政务环境，才能够保障市场主体在营商政务环境中得到满意的服务结果。

1.健全保障服务结果公平有序的监管制度

优化营商环境改革正在深入发展，但在现有营商政务环境下，针对市场主体办事过程不完全畅通、对办事结果仍有不满意的问题，需要政府出面进行监管，做到"能管""敢管""管的到位"，还需要从制度建设层面对监管行为加以保障。

第一，要针对营商政务环境权力分散等实际情况，对监管体系进行多方位、全覆盖的监管制度建设。针对政务环境中市场主体主要面临的由监管权力引发的结果"失真"问题，要在无缝隙政府理论结果导向的指导下，完善政府监管制度，优化监管方式，明确权责关系，提供更多样、更灵活的监管方式。例如，某市营商环境水平总体上处于中上游，所以在监管制度的建设上已经得到了重视，在这种初具雏形的监管制度体系下，要解决实际问题还要继续加强监管，从源头上明确多主体、多层次、跨领域的政府部门执行的监管工作内容及相应的监管权力，如行政处罚等。

第二，要制定监管新规，在领会国家政策核心精神的基础上，制定有创造性、针对性、可操作性的充分考虑到营商环境政务领域目前状况、发展趋势、短板问题的制度体系。目前进行了"双随机、一公开"的新型监管制度建设工作，要想进一步创新监管，还需要进一步深入，使"双随机、一公开"模式达到全覆盖、常态化监管，保障市场主体在公平有序的营商政务环境中得到服务。各省市可以借鉴北京市"营商环境 5.0 版"的新型监管举措，学习北京市、上海市、郑州市等地开展的"沙盒监管"新模式，强化包容审慎的监管原则，落实好创新容错机制，在保障市场主体权益的前提下，在营商环境领域内部建立相对放松的政务环境。此外，政府应释放政策善意，助力营商政务环境优化。

监管方式的创新可以政策为导向，运用科技手段，推动执行监管的科技应用与数据平台的全面搭建。还可以在"双随机、一公开"的制度基础上进行评估与公示的制度体系建设，为市场主体了解政府执行与监管的情况提供有效保障，以结果为导向来营造公平有序的营商政务环境。

2. 加强诚信化、透明化的信用服务制度建设

近年来，各地政府为优化营商环境、招商引资，积极讲求务实诚信作风，聚焦信用应用服务实体经济，以信用建设支持营商环境发展、促进"放管服"改革。

第一，从政府主体角度来看，信用建设是需要以制度性约束作为依托的。只有建立健全长效信用运作制度，推进政府诚信制度建设长效化，提升政府公信力，才能够营造良好的营商政务环境。从目前的情况来看，信用建设仍处于初步建设阶段，信用建设过程中仍有缝隙，需要提高政策支持力与稳定性来维护良好的政务信用，结合无缝隙政府以结果为导向的理论，围绕结果进行信用制度的优化。政府承诺是履行职责的形式之一，不能失信，所以建立政府承诺制是提升政府公信力的一种重要方式，遇到"不兑现"问题致使市场主体利益受到损害等现象，可以拥有制度保障。并在此基础上

建构对政府主体的约束与问责机制，保证市场主体在诚信透明的营商政务环境中得到服务与发展，保证事后结果的公平公正。

第二，从社会主体角度来看，完善社会信用体系建设是加强信用服务的必要手段。因此，必须加强对现有营商环境成果的宣传与引导，建立健全信用信息的收集与公布制度，依托大数据等先进科技手段整合各部门、多层次、多渠道的数据信息，搭建互通互联全方位覆盖的信用数据平台。将目前进行的信用建设与营商环境、"放管服"改革相结合，在《政务服务容缺受理事项清单》《实行告知承诺制证明事项目录》等信用服务制度的基础上，学习北京市等城市完善信用修复机制的先进做法，对社会信用制度体系进行精细化、规范化、全方位覆盖，为市场主体提供诚信化、透明化营商政务环境的同时，为行政审批制度、监管制度提供了重要依托，有利于形成营商政务闭合型制度链条。

第二节　管理层面的策略

一、实施政务服务工作人员考核激励评价管理办法

考核激励评价已逐渐成为政府行政管理的"晴雨表"，建立一个科学完善的激励评价体系越来越受到各级政府的高度重视。能否有效激发激励评价的积极作用任重而道远。

（一）完善考核系统，创新考核方式

考核方式方法，直接关系到考核的可信度和效果。为了提高考核工作的科学性和准确性，要做到以下三点：一是要实现数据采集智能化。考核系统与信息化业务平台相关软件系统实现对接，登录业务平台，按考核指标的要求采集相关数据。二是要实现考核评分智能化。被考核单位上报材料、图片、记录等各种附件材料，经相关部门审核后录入考核系统。考核数据录入后，考核系统就按照权重自动折算得分。三是要实现干部管理智能化。建设工作日志子系统，通过每日填写工作日志，实现对每位工作人员的日常管理。

（二）科学量化考核指标

考核指标体系是抓工作落实的"指挥棒"。应当适应新形势、新任务，不断修正完善考核指标体系，坚持只考重点项目、只考可量

化指标，实现单位和个人职责的确定化。

（三）强化结果应用，有效发挥考核"指挥棒"的作用

考核成效是激励的依据，是激励评价能否发挥作用的基础。为确保考核的公正性，我们对考核结果进行分类，分类主要体现为对政府机关科室按照综合科室、业务科室、事业单位实行分类排序，考核结果排除科室差异的影响。同时，考核结果全部进行网上公示，每个被考核单位都可查询成绩及扣分事项，客观准确地反映工作实绩，树立良好的标杆作用。

地方政府要制定并实施一套科学公平、多维度、全方位的综合的激励评价管理办法，不断完善和细化考核细则，增强实效性、实用性和可操作性，提升基层一线政务服务人员的工作积极性和主动性，让政务服务人员从内心热爱工作，想把工作干好，打造一支信念坚定、勤政务实、敢于担当、为民服务、清正廉洁的队伍，让能干、想干、干得好的人在相应的岗位上发光发热，形成良好的带头示范效应。当前政务服务部门考核激励评价管理仍然存在一些问题。针对这些问题，政府部门应当以正确导向端正相关人员对绩效管理的认识，以精细化管理完善激励评价指标，以科学技术改进激励评价管理考核，同时强调调动人的积极性。可以强化党建引领，开展"群众最满意窗口""群众最满意党员示范岗"等活动，激励党员干部创先争优，提升大家的荣誉感，增强集体凝聚力。可以尝试借鉴先进地区的经验，例如，浙江省衢州市采用政府雇员制度，窗口人员的日常管理、劳务关系、工作安排、培训教育、考核评价统一由一个部门负责，建立全面管理机制，实现"人"和"事"相统一；政府雇员的薪酬比普通聘用人员高20%，进一步提升了政务服务窗口人员队伍的稳定性，实现"劳"与"酬"相挂钩；每三年进行一

次岗位考核和岗位竞聘，建立政府雇员三级晋升机制，逐级提升薪酬待遇，同时增设15%的优秀名额，实现"考"与"评"相结合。在借鉴其他地区成功经验的同时要因地制宜，不断完善政务服务中心综合考核管理办法，逐级压实考核责任，实现指标明确、重点突出、差异化考核的科学评价机制，最大限度地释放协同协力效应。

二、严格实行受审管分离模式，规范微权力，预防微腐败

要严格实行受审管分离模式，政务服务各部门建立前后台密切协作和高效运转的工作机制，畅通业务流转渠道，形成相互分离、相互制约、相互协调的政务服务格局。预防工作人员在受理、审批、监管一体化模式下容易产生的权力寻租问题，可有效降低和防范廉政风险。建设"互联网+政务服务"平台行权监察系统，对受理、审批、监管等权力进行规范监督，形成规定制定、权力运行、监督检查的科学运行机制。通过网上监察系统实现权力运行的全程监控、预警纠错、督查督办、绩效评估，以及统计分析等功能，在"互联网+政务服务"内部监管中实现权力运行全留痕，各个环节、各个岗位对业务的操作时间及内容在平台系统中全流程同步显示，形成外网受理、内网办理、外网反馈，通过平台标准化、受理标准化、清单标准化、流程标准化、告知标准化、指南标准化、审批标准化建设，能够做到政务服务全过程网上有记录、可核查、可追溯、可考核，避免了系统平台外受理审批行为，通过对办件编号、事项信息、受理时间、办结时间、办件状态等信息的筛选查看，设置时间限制，以绿、黄、红灯的显示方式预警办件办理风险，及时通报并纠正问题。可通过政务服务网上"好差评"系统对政务服务过程进行评价，有效整合来自企业和群众的意见反馈，使企业办事人员和

群众参与监督渠道通畅，发挥多元主体对政务服务相关部门权力运行的有效监督作用。

三、明确审管责任，加强部门合作，实现"互联网＋监管"

随着"互联网＋政务服务"改革的不断深入，有效推进服务型政府职能建设，优化"审管服"联动，需要进一步强能力、重监管、优服务。一是推动审管分离、审管联动，构建"政策互通、业务互助、职责互补、审管互动"的体制机制，增强大局意识，统筹兼顾，协调联动，使审批服务与监管有机融合。二是优化权责配置，坚持权责法定、依法履责，大力提升监管效能，在不同业务规章条例中进一步明确监管职责和责任。对审管分离事项，按照"谁审批、谁负责，谁主管、谁监管"原则，审批部门对审批行为过程和结果负责，行业主管部门履行事中事后监管主体责任，建立健全对应行业具体的监管实施方案，明确监管依据、监管对象、监管标准等，实现审管权责不留争议，协同高效，更具可操作性。三是创新监管方式，充分运用互联网、大数据等现代化信息技术，全面实施"双随机、一公开"监管，持续深化"互联网＋监管"，落实联络员制度，推行信用分类分级监管。依托国家、省、市政务系统建立"审管服"一体化信息交换平台，及时完善行政权力清单和责任清单，绝对不允许推卸责任，出现监管空白，建立审批监管信息双推送、双回路机制，充分利用信息技术手段，实现审批结果实时推送、监管部门实时接收，全程留痕可溯，确保审批监管有效衔接，形成工作闭环、深化信息共享，加强监管技术、人员、设备等保障支撑，构建综合协同、公正透明、科学高效的"审管服"一体化运行体系，不断提升政务服务水平。

四、加强中介机构管理，严格分离行政职能与中介活动

传统的行政审批中介服务供给模式与手段导致了行政审批服务的乱象出现，需要引入新的供给模式与手段来加强对中介机构的管理，严格分离行政职能与中介活动。某地设立了网上中介超市，采取超市经营管理模式，依托互联网平台提供行政审批中介服务，实现了政府、第三方中介服务机构、行政审批办理人的多方共赢。中介超市初步取得了良好成效，但还需要进一步完善改进：一要进一步拓展延伸网上中介超市提供的服务内容，根据企业和办事群众的需求，进一步增加和完善中介服务事项。二要进一步优化服务功能，从行政审批办理人、第三方中介服务机构的需求出发，让使用者享受更方便快捷的服务。三要加强中介机构分类管理。对于政府部门委托的中介技术服务，其评估审查时间应计入政府部门对应行政许可事项的承诺时限中；对于不符合工作要求超期的，纳入中介机构信用记录；对于企业自行委托的中介服务，重点从业主反馈、考核等方面建立健全中介机构优胜劣汰机制；对于列入黑名单的中介机构，应采取相应的限制、惩罚措施，从而维护中介市场秩序。要动态调整并公布实施涉审中介服务事项清单，推动中介服务机构公开服务指南，明确服务条件、时限、收费标准等，加强对中介服务机构的信用监管，实行信用等级评价和资质动态管理，不断推进政务服务过程中中介机构规范化。

五、强化基层政务服务人力资源管理

（一）创新管理理念

观念意识是行动的重要指导，通过对基层政务服务部门工作状况的分析，发现其存在服务意识不足和管理意识不合理等问题。为此，基层政务服务部门需要联系新时期政务服务工作发展要求，不断创新管理理念，深化服务意识。首先，基层政务部门应该从领导层开始创新管理理念，在日常政务中推动落实"互联网＋政务服务"工作模式，充分利用信息技术和互联网技术。其次，各部门管理者也应全面推广、传播互联网技术应用，组织基层人员参与网络技术专业培训教育，在实践工作中合理利用信息技术处理政务，提升工作效率和服务质量。最后，基层政务机构人力资源部门也需要积极创新管理理念，深化对"互联网＋政务服务"相关工作理念的认识，形成信息化人力资源管理观念，主动迎合时代发展趋势，创新人力资源管理措施，合理应用不同技术方法开展人力资源管理，提高人力资源管理水平。

（二）健全人力资源管理体系

有效的人力资源管理离不开完善的管理制度支持，"互联网＋政务服务"背景下，基层政务服务部门的人才开发和人力资源管理工作在充分激发服务人员工作积极性和创造性方面发挥着重要作用。基层政务部门需要进一步联系新时期发展要求，健全人力资源管理体系，规范政务服务人员的日常工作行为。具体来说，包括四个方面：一是采取绩效考核或定期审核评价措施，对政务服务人员的工作时间、工作能力、工作水平进行综合评价分析，便于员工及时发现自身不足，改进工作方式，提高服务水平。二是进一步完善薪酬管理机制，使服务人员的工作能力和工作待遇成正比，以此加强基层政务服务人员薪资水平和岗位的匹配度，从而根据绩效考核结果实施有效奖励，激发服务人员的工作积极性和创造力。三是完善培训教育机制，强化员工专业技能培训，对工作人员发展潜力进行深入挖掘，从而不断提高员工的工作能力和服务水平。四是健全上下交流机制，系统掌握员工思想动态的变化，通过提升服务人员归属感，确保在顺利引入人才后，还可以留住优秀人才。

（三）优化工作流程

在进行人力资源管理的过程中，为提高整体的工作效果，基层政务服务部门应结合实际的工作方法流程，构建符合基层政务工作要求的新型人力资源管理工作流程，加大对人力资源的管理力度，使人力资源管理效率得到进一步提高。一方面，基层政务服务部门应结合"互联网＋政务服务"管理模式，对政务工作内容进行分析和整理，根据工作任务明确需要的人才资源和物资资源，利用互联网技术和信息技术进行分析，并结合基层政务部门的需求进行合理的实施和管理。另一方面，将标准的工作方法流程与基层工作内容进行结合，构建符合基层工作的具体流程管理制度，在制度管理下加大对部门资源的管理力度。

（四）科学规范岗位管理工作

基层政务服务包含社会组织管理、社区治理、社会福利、养老服务以及社会救助等多种民生工作，涉及服务内容和类型多样，覆盖面较广。在"互联网+政务服务"模式下，为了提高基层政务服务人员的综合素质，提升基层政务服务水平，基层政务部门需要不断加强人力资源管理工作。第一，明确具体管理任务，对不同科室的服务内容和业务活动实施细化设计，并在此基础上结合自身需求实施岗位科学设置，明确各个岗位的具体任职条件、业务范围和职责，从而优化服务人员的整体工作效能和服务水平。第二，合理设计管理目标，针对不同岗位人员实施分类设计，基层政务服务人员可以划分为兼职人员、公益性岗位、聘用人员和在编人员等，结合不同工作性质，还可以进一步细分为工人、技术人才和管理人才等。为此，基层政务机构在开展人力资源管理工作时需要充分发挥大数据技术的功能优势，制定量化管理措施，借助大数据技术手段对不同职位人员实施信息化分析，通过了解政务人员的服务状况和工作水平，促进人才结构全面优化，从而针对不同人才实施精准化和多样化配置，提高人力资源管理水平。

（五）强化人才队伍建设

在"互联网+政务服务"背景下，基层政务服务部门需要合理构建复合型人才队伍，因为传统模式下的基层政务服务人员已经无法满足网络时代下的政务服务需求。在互联网应用规模持续扩大的背景下，基层政务部门加强人力资源管理工作需要结合不同类型人群以及不同能力差异形成合理的综合管理策略。一是需要对那些只了解政务却不熟悉互联网的工作人员开展针对性培训工作，重点培养相关人员的网络操作技术和网络管理能力。二是对于那些具备较高互联网操作水平，但在政务服务能力方面存在不足的工作人员，需要实施有针对性的在职教育和政务教育活动。三是对服务人员实施互联网能力的定向培养，支持信息化政务平台合理开展维护管理工作，从而进一步强化基层政务机构现有服务队伍的互联网操作技术和基础知识。四是在招聘环节设置严格的人才聘用标准，以储备更多优秀的复合型人才，形成健全的人才梯队。

第三节 技术层面的策略

一、加大政府资金支持力度,确保系统和设备革新

不断优化政务服务平台等系统并加强自助服务设施设备建设,是推动"互联网+政务服务"水平提升的有效支撑。在改革进程中,需要加大财政资金对软件和硬件的支持力度,加强技术的产研结合,借助信息技术井喷式发展的趋势,以技术创新不断助推平台完善,有效利用人工智能、大数据驱动等最前沿的技术,将政府资金投入到系统技术创新研发与应用中,加快政务服务平台移动端建设,推动身份证电子证照、电子社保卡、电子营业执照、电子驾驶证等高频电子证照在政务服务平台移动端汇聚,推动办事群众和企业经常办理的政务服务事项"掌上办、指尖办",足不出户就可以实现"秒办、秒批"。同时,为推动更多政务服务事项就近办,推广24小时自助服务,政府需要投入大量资金完善自助服务终端设备,更多覆盖为民服务中心、便民服务中心、商场、住宅小区、企业园区、银行、邮政、电信网点等公共场所,主要整合完善社会保障、户籍管理、医疗保障、税务、征信查询、养老服务等自助服务功能,让更多涉及百姓的民生事项不再受空间、时间的限制,实现家门口24小时自助办。

二、注重业务技能和服务水平培训，打造全科全能高水平人才队伍

为深化放管服改革，深入推进"互联网＋政务服务"工作，更好地满足互联网时代企业和群众对政府政务服务的期待，需要对政务服务工作人员不断加强业务技能和服务水平培训，打造一支全科全能的高水平人才队伍。

首先，在业务技能提升方面，定期举行内部科室人员上台讲课、以案说法的内部培训，通过定期轮换岗位实践学习，掌握全流程不同岗位业务的相关知识和技能，通过进行内部定期考试加强对业务法律法规和制度规范的学习考核。通过聘请行业专家进行现场和远程视频授课，开展广泛、深层次的专业指导学习，打造"全才＋尖兵"的审批人才队伍。

其次，在政务服务水平提升方面，要注重线上和线下的政务服务规范化培训，可聘请专业第三方机构，从仪容仪表、行为举止、服务用语、物品摆放、互联网系统操作等方面对窗口人员进行统一培训。并引入第三方评价机制，委托第三方评测机构对服务便捷度和办事群众满意度进行评测反馈，不断改进不足之处，优化服务标准。

最后，坚持"走出去"和"请进来"。支持行政审批局工作人员到全国各地先进地区学习相关的改革经验，开阔视野，拓展思维，找到差距。面对目前政务服务的改革困境，能以新的视角开拓思路，因地制宜，找到适合自身改革发展的路径，同时打造一支专业化队伍，既能精准掌握互联网大数据、人工智能、云计算等技能，又具备高水平综合政务服务能力，实现办事人员"进一门、找一人、办成事"。同时，可以选派年轻优秀的后备干部进入政务服务中心，充实人员力量。如果有编制，尽量向窗口一线人员倾斜，以保证基层

政务服务人员的稳定性。

三、加强信息化技术建设，打通数据壁垒

根据数字治理理论的内容要求，推进"互联网+政务服务"工作深入开展，关键在于信息技术的应用，因此，必须解决好基于信息技术应用的平台问题，打通数据壁垒，否则推进"互联网+政务服务"就只是停留在口头上的概念。要切实解决信息共享问题，使"互联网+政务服务"落到实处，一要编制政务信息资源共享目录，解决共享信息的来源，要构建统一的数据共享交换平台体系，建立共享信息的载体。二要建立分级数据共享和开放制度，解决共享权限问题。加速数据协同与共享，营造数据开放的生态环境，促进多主体、多领域、多要素整合互补的新格局。三要编制信息共享使用指南，解决用户终端操作问题。四要构建科学的数据治理框架，基于数据治理的生命周期、对象、要素等，从本质上解决数据治理缺失引发的数据孤岛、数据碎片化等问题，从而提高信息数据的转化水平和利用率。五要落实信息安全等级保护制度，加强多角度、全方位、深层次的等级安全建设和管理，确保账户信息数据存储环境、应用系统环境、运行管理安全。政府各部门应当统一思想，负起责任，切实履责，充分利用已有的资源设施，加强集约化建设，实现政务信息资源互认共享、多方利用，真正实现跨部门、跨区域、跨行业"一网通办"，最大限度利企便民。

四、提升智能技术视阈下的"互联网+政务服务"水平

当前,以大数据、云计算和智能算法等为代表的作为计算机技术重要分支的人工智能(Artificial Intelligence)技术不断成熟,构建起一整套模拟、扩展延伸人类智能的理论、方法、技术及应用系统。推动并加快了智能时代的到来,使全社会资源要素能自动配置和优化,生产、生活和政府治理活动在高度自动化、相互感知的基础上被高度赋能。其中,大数据是智能时代的关键基础,云计算进一步增强了分布式资源的计算能力,推动了资源要素的深度关联,而智能算法才是智能化的核心,它促进了资源的最优化配置,使非人格化的主体增强、辅助甚至代替人完成某些具体的事务处理工作。从政府治理角度看,智能技术一方面能直接辅助或替代人完成某些政务处理活动,如智能公文写作和机器人秘书等,极大地节约了劳动工时,解放了人类自身;另一方面,智能技术和互联网的融合从多个维度改变在线要素关系结构模式、在线资源分配方式与在线政务处理范式。两种政务服务方式关系密切,本部分所讨论的重点在于智能技术与互联网结合迭代对在线政务服务的影响。

在政府治理过程中,通过人工智能规则、指令集以及大数据等智能技术嵌入互联网并对政务数据实施智能分析加工,使在线政务处理流程更加高效,流程对接更加精准,模块应用更加符合社会需求,极大地提升了政务服务自动化水平,让上下游政务数据与流程自动化引发连锁反应。如何更有效地发挥智能技术的作用,推动在线政务服务创新既是顺应治理范式和适应技术范式进步的需要,更是推进治理现代化的需要,也是公共服务理论实践的需要。通过智能技术和"互联网+政务服务"的深度融合迭代,在精准化的服务供给中能切实把追求公共利益、为民服务的理念落到实处,能有效

增强人民群众的幸福感和对美好生活的期待。这就需要从理论上科学分析智能条件下"互联网+政务服务"底层逻辑架构的变化，明确智能技术融合条件下"互联网+政务服务"的新内涵以及发展阶段；从实践上准确把握依然存在的诸如协同困难、智能移动终端开发不够以及安全隐患等问题，有针对性地从基础技术升级改造、加强宏观层面顶层设计，以及应对安全威胁出发，构建对策体系，保障智能条件下"互联网+政务服务"的顺利推进。

（一）加强传统政务智能化改造，拓宽"互联网+政务服务"范围

"互联网+政务服务"的基础是政务服务的数字化和网络化。数字化将政务服务转变为可处理的代码，即功能软件化和代码化。不过，只有数字化、没有网络化，就不会有政务处理的在线虚拟运行，因此需要将政务服务软件嵌入互联网中，实现远程在线事务处理。政务服务的智能化则是要实现利用大数据和云计算技术在自学习、自决策基础上对政务服务进行深度优化与迭代升级，并将服务主体和服务对象自动进行关联和匹配，甚至实现用智能技术完全取代人完成高质量的服务，构建人机一体的政务服务体系。因此，要加大智能相关技术融入"互联网+政务服务"的力度，用决策树、逻辑回归等智能算法改造政务服务流程，提升政务服务要素相关性分析能力。

为了拓展智能技术条件下"互联网+政务服务"的覆盖面，要按照国家政务服务平台相关标准规范进行应用模块开发，在统一平台的各项要求约束下做到同一事项、同一标准、同一编码，保障不同层级、地区智能政务服务系统能"无鸿沟"地拓展功能、增容信息、合并计算分析，切实拓展网上办事广度和深度，延长网上办事链条，增强智能政务服务系统的稳定性与高效性，提升智能在线政

务服务的一体化程度和精准度，为切实增强政务服务智能关联分析能力打下坚实的基础，实现从网上咨询、网上申报到网上预审、网上办理、网上反馈"应上尽上、全程在线和智能流转处置"。

（二）加强智能"互联网+政务服务"顶层框架设计，提升政务服务整体效能

未来，要立足智能技术对政务服务的提升与改造，从顶层和宏观层面完善智能化和在线政务服务融合的体制机制，加快整合省市县三级政务服务平台，推进省级平台的智能化改造，加速推进互联互通和底层数据关联共享分析，增强全国一体化在线政务服务平台的智能服务能力，全面提升全国"一网通办"和政务服务"一次登录、全网通办、智能反馈"的智能化水平。要提升智能"互联网+政务服务"标准的统一性，来保障技术层面的协同性，为智能化的推进铺平道路。要在统筹建设国家层面综合一体化数据中心和身份认证库的基础上，加快构建以前述"一心一库"为基础的智能算法云服务中心，以及以国家政务服务平台为枢纽、各地区各部门网上政务服务平台为基础服务载体的全域全流程一体化在线智能政务服务系统。在地方政府实践中，要进一步细化一体化智能政务服务平台的实施细则，特别是对于那些能够推动人机协同处置的政务服务，要加快完善相关制度，建立标准、规范程序，在总结经验的基础上形成可推广复制的制度安排。针对实践中存在的政务碎片化问题，加强智能在线政务服务关联与协同性建设和领导，完善跨部门跨区域线下联席会议和定期协商政务服务协同等问题的制度，破除传统的垂直行政管理体制和智能技术条件下复杂关联、超扁平分布式的不相适应的体制藩篱。要建立健全与智能政务服务相应的领导机构，明确首席数据官、首席政务服务官，以及智能云平台负责人的权责

关系，在相对集中负责人的统筹谋划与决策下，加强智能政务数据交换标准体系建设，克服由业务数据不一致带来的智能整合分析难的问题。要加大智能政务服务在移动终端的开发力度，并与时俱进地以移动互联网为载体推动在线政务零距离、零时滞地贴近群众服务。要加大基于移动端的个体（法人）综合信息数据的政务服务套餐定制和推送服务力度，大幅提高政务服务的便捷性与实时性。

（三）立足政务服务一体化开发政务数据资源，提升在线政务智能化集约化服务水平

政务服务一体化和协同性的重要支撑是政务数据资源的标准化和开放性，提升智能政务服务系统中信息资源建设效益是推动政务资源共享与协同的重要手段，也是智能条件下"互联网+政务服务"提质增效的根本环节。要从智能在线政务服务一体化运行角度出发，本着提升整个政务系统效能的原则，加快智能检索、分析等技术与人口、法人、电子证照等基础数据库的融合，促进相关数据库的在线互通、应用开发和跨部门、跨区域互认共享。要按照全国一体化政务服务平台要求，集约建立智能政务服务要求的信息资源目录分类检索、数据采集、数据质量、共享交换与关联接口等方面的标准。要建立各部门各地区动态运行数据的及时汇总机制，确保智能政务平台信息资源的一致性和动态更新，提升数据关联分析的智能化水平，提升智能政务服务的精准性。政务服务智能化水平越高，越要求数据资源丰富、快速共享和集成集约运行。在一体化智能政务服务平台架构下，各地区政务协同工作迫切需要构建分布存储、多级互联、全国统一的政务数据资源共享交换平台体系，不断增强基于数据交换平台的数据智能分发处理功能，使其能够支持跨层级、跨地域、跨系统、跨部门、跨业务的数据资源智能调度和协作。

从目前最新的发展实践看，发展和建设基于智能算法体系的分布式政务资源数据云，不仅有利于推进政务服务数据资源集约化运行，同时有利于发挥多方力量不断壮大政务服务基础数据库，为提升政务服务应用一体化、敏捷化、智能化水平创造条件。

（四）健全智能"互联网＋政务服务"整体防御体系，提升政务服务安全保障水平

智能技术条件下的"互联网＋政务服务"安全保障是复杂的系统工程，要立足整体安全的需要，从"智能＋在线政务服务"的底层硬件平台安全、系统软件安全、应用安全维护和数据智能关联安全等方面出发，综合研判政务服务安全风险，制定系统完备的安全保障体系。要完善智能条件下政务服务安全保障的体制机制，明确不同环节、不同机构的目标任务，夯实各级安全管理机构的职责，确保政务服务平台健康有序运行。要依照《网络安全法》的相关规定，从中观和微观层面细化智能"互联网＋政务服务"安全规则，明确省、市、县不同层级政务平台的安全需求，加强对智能"互联网＋政务服务"各个环节的安全研判，切实增强政务信息存储、传输、处理、共享等过程的监管能力。

在智能"互联网＋政务平台"的日常运行中，要常态化地开展风险评估，科学分析潜在的安全要素，制定切实有效的防范与应急响应措施，增强智能"互联网＋政务服务"系统的整体稳定性与可恢复性。要结合智能算法与区块链等新技术在政务服务安全保障中的应用与研发，以智能分布式存储增强政务服务后台数据的全域安全校验功能，提升政务服务数据资源的动态一致性和平台的整体安全水准。

第四节　服务层面的策略

一、构建以民众需求为中心的服务理念，持续政务服务改革

（一）实现政务服务个性化

从新公共管理理论、整体性政府理论的角度出发，"互联网＋政务服务"的根本要求在于以人民满意度为中心，坚持需求导向和问题导向。只有不断在具体事务处理中回应民众的利益诉求，才能真正做到想群众之所想、急群众之所急、解群众之所困。坚持需求导向，反映的是"互联网＋政务服务"在响应"放管服"改革中的倒逼机制。要通过聚焦民众与企业的问题与需求来进行改革的突破，建立起有效的纠错机制。民众需要何种类型的服务供给，企业在行政审批中的利益诉求，这些可以通过满意度考核直接有效地传导至政府改革决策部门。对于现行政策制度、运行模式等问题进行反馈，要紧盯痛点、难点、堵点等问题，确保"互联网＋政务服务"模式发展始终能够响应社会民众最为关切的现实问题，从而提供更优质、更高效的服务。目前，"互联网＋政务服务"经过几年的建设发展，已基本能解决人民群众和企业办事人员大众化的业务需求，但随着社会信息技术的快速发展，办事群众的需求趋于个性化，对政务服务提出了更高的要求，因此"互联网＋政务服务"要向量身定制、

个性化的服务方式发展，以满足服务对象潜在的诉求。要依托政务服务平台，建设企业和个人专属服务空间，完善"一企一档""一人一档"，规范和拓展二维码、数字名片等场景应用，实现个性化精准服务。要充分运用大数据、人工智能、物联网等新技术，推出"免申即享""一码办事""政务服务地图"和智能审批等新应用模式，不断提升智慧化、精准化、个性化的政务服务水平。

（二）"提速放权、提质增效"，始终保持动态"三最"营商环境

第一，最大限度地下放登记管辖权限，割舍利益羁绊，勇于自我"革命"。在前期数次下放登记管辖权限的基础上，进一步将所有私营有限公司和中央、省属国有企业以及银行、保险、证券等企业设立的市级机构以外的分支机构，一律下放到区县局登记管辖，除法规规定必须由市局登记的企业外，其他市场主体市局不再登记。

第二，大力优化审批流程。按照"流程最优、环节最少、时间最短、服务最佳"的要求，加强内部挖潜，减少审批环节，大力提升网上办事效能和比率。推行"简易登记事项由受理人独立审核、当场办结，一般登记事项窗口科长审核，重大、疑难事项由科长审查办结后再向分管局长或注册局长汇报"的审查模式，审批环节进一步精简。

第三，大幅压缩审批时限。坚持自我加压、主动提速，将设立登记、变更注销时限分别由法定的15个、10个工作日压缩到较少的工作日，名称预先核准、换发"多证合一"新照、股权出质登记、企业备案均实现当场办结，工作效能进一步提升，审批效率进一步提高。

二、打造以办事为主题的全生命周期精细化服务

要从便利企业和群众办事的角度出发，围绕个人从出生到身后、企业从设立到注销、重大产业工程项目从立项到投产"一件事一次办"全生命周期服务，推动关联性强、办事需求量大、企业和群众获得感强的多个跨部门、跨层级政务服务事项集成化办理，提供主题式、套餐式服务。以重大产业工程项目全生命周期管理精细化服务为例，要建立重大产业工程建设项目极简审批品牌，全力推进许可审批加速度、改革创新提高度、服务发展强力度，切实让每一个项目在审批窗口的准入上得到最优服务。中小企业投资项目全程代办服务，可以让企业每一个投资项目以最快速度落地投产。业务回访制度将尽力为企业发展疏通堵点、连接断点，不断提升企业和办事群众的满意度。重大产业工程建设项目从立项前期服务整合为"企业登记一件事"，立项用地规划许可、工程建设许可、施工许可整合为"开工一件事"，项目竣工验收到投产整合为"竣工一件事"，通过环节并减，流程优化，每个"一件事"实行一张表单、一套材料、一次申报、多证同颁。要实行全周期靠前服务，"全链通办"，优化审批，全流程在线办理，强化部门协同联动，完善帮办代办制，推进结果数据化、互信互认。实现企业开办 0.5 个工作日常态化办结，联合图审 10 个工作日办结，联合验收 13 个工作日办结，重大产业工程建设项目"拿地即开工" 47 个工作日办结。要设立联席全域服务专班、专席综合服务专区、首席代办服务专员，统一实行代办服务，统一核发审批文书，推进咨询服务、收发件一体化，实现一人代办、一体联办、一办到底，全程服务、全域推进、全面免费。

三、完善三级政务服务体系建设，实现基层政务服务网格化

要健全完善三级政务服务帮办代办协同工作机制，完善省市重大项目领办帮办机制，形成覆盖全区的县（区）、镇（街道）、村（社区）三级代办帮办服务体系。制定各级帮办代办服务事项目录清单，明确代办帮办服务范围，在县（区）推行"专区＋代办"服务模式，在镇（街道）、村（社区）推行"网格＋代办"服务模式，促进政务服务精准化。持续提升县（区）、镇（街道）、村（社区）服务中心一站式功能，推动政务服务事项和水、电、气、法律援助等与企业和群众生产生活密切相关的更多便民服务事项进驻。推广《乡镇（街道）全科服务规范》，健全基层全科政务服务模式，修订完善村（社区）便民服务中心公共事项清单，让更多贴近民生的政务服务事项向基层不断延伸。要优化政务服务大厅功能布局，加强无障碍环境建设和改造，为老年人、残疾人等特殊群体提供便利服务。进一步完善网上办事引导功能，规范在线咨询、引导服务，提供更加简明、易懂、实用的办事指南和网上办事操作说明，实行动态图文结合，创新在线帮办导办、智能客服等方式，辅助解决群众网上办事看不懂、操作不便、容易出错、系统卡顿等问题，实现一看就懂、一点就能办；推进线上一网通办，让企业和群众不受城乡、地域的限制，能够就近享受优质的政务服务。要建立"乡镇街道前台综合受理、县区级后台分类办理、统一窗口出件"的一次办结模式，按照"多网合一、一员多能"的要求，建立民生服务事项全科网格员队伍。同时，联合志愿者及养老机构，为老年人、残疾人等特殊群体提供综合性、便利化的政务服务和生活服务。

四、加强政务服务标准化建设

政务服务标准化的内涵是为政务服务领域中具有重复性的技术和服务制定并实施设定的一系列标准,使政务服务达到最佳秩序,各部门获得共同利益。

第一,推进政务服务标准化,就是要将标准化的理念、原则、方法引入行政管理服务部门,通过制定和实施适用于政务服务的标准体系,提高政务服务的质量和水平。当前,各地政务服务持续优化,但在具体实践中还存在服务事项分类不明确、管理不规范、流程优化规则不科学、服务范式和质量难以控制、部门协同规则不清晰、数据共享内容以及监督评价口径不一致等问题,亟须探索政务服务标准化实践路径,以标准化促进政务服务规范化、便利化,促进政务服务升级。

第二,推进政务服务标准化,应当整合服务流程,明确事项范围,推进政务服务事项和实施清单标准化。重点是整合政务服务事项并明确办事指南编制要求和基本要素,全面梳理涉及部门、材料清单、审批流程等内容,推动政务服务流程再造,优化涉企服务,促进业务融合,加快实现全省政务事项要素标准化、信息发布标准化。一方面,明确事项范围、完善事项标准和业务规则,实现政务服务事项主项名称、子项名称、编码、依据、类型等基本要素和受理条件、服务对象、办理流程、申请材料、办结时限、办理结果、收费标准等要素全省范围内统一,并实施事项目录动态调整,确保政务服务事项数据同源、动态更新、联动管理。另一方面,编制标准化办事指南,在实施清单标准化的基础上对政务服务事项的办理主体、依据、流程、材料、注意事项等给予指导性说明并定期更新,保证指南要素的准确性和全面性,构建方便快捷、公平普惠的优质高效的政务服务体系。例如,湖南省衡山县以城乡治理标准化为抓手，按照"应减尽减"的要求，逐项梳理编制标准化工作规程和办事指南，推进业务整合和并联审批，不断加大事项网办力度。

第三，政务服务标准化建设需要得到领导的充分重视，才能保证工作的顺利开展，因此成立领导小组十分必要。首先，领导小组可以由各省、市、县政务服务中心的主要领导担任组长，各成员单位的分管领导担任副组长；下设工作小组，再由各成员单位派出一名业务负责人作为小组成员。其次，领导小组的职责是制定统一的政务服务标准和年度工作规划，要以为企业"减环节、减材料、减时间、减费用"为准则，以部门权责清单为基础制定标准，并为政务服务工作目标制订年度计划，各部门有计划、有准备、按进度完成各自负责的工作任务。最后，领导小组要针对政务服务建立规范的改进机制和监督评估机制，运用PDCA循环循环制定合理的改进措施，及时在实践中验证纠正后的工作方法，定期修订标准，确保政务服务标准化持续改进。并采用内部自查和外部监督相结合的模式来建立多重监督评价体系，可以将政务服务标准化监督体系与政务营商环境优化的监督体系充分结合起来，在评价营商环境优化效果的同时考察政务服务标准化建设情况。

第四，各部门还要为企业提供透明化的服务。要在政务服务平台上及时公开、按时更新办事目录及服务指南，政府采购信息、涉企优惠政策、企业收费目录等涉企信息要全面公开。营商环境牵头部门要定期对各部门的公开情况进行检查，对公开情况不理想的部门进行通报批评，保证企业能够及时有效获得有关信息。

五、创新服务改革，实现不见面审批

（一）推行行政审批事项集中制

目前，政务服务中心已基本实现行政审批事项向群众集中，但在集中审批事项的过程中仍有部分单位将审批权掌握在部门手中，对特殊区域窗口的设立审批只负责收文，没有实质性的审批权。因此，政府部门需要积极探索新的路径，进一步推进行政审批事项的实质性集中。充分发挥行政审批局的规划和协调功能，通过对审批权限的重塑，打破传统固化的权力链条，形成新的行政审批模式，将大大提升行政审批服务水平。

例如，在投资项目的行政审批中，申报单位可以选择任何一个审批窗口咨询业务和提交材料，由窗口工作人员进行一次性告知并统一接收，然后通过审批平台将每个阶段所需的申请材料由各部门一次通过分发，各项审批工作并行进行，最后由综合业务窗口统一发放各类许可证。同时，每个投资项目审批阶段设立一个牵头单位，在项目审批过程中遇到难以解决的问题，由牵头单位负责组织召开协调会，并控制本阶段各单位审批事项的完成时限。

（二）利用通信工具实现不见面审批

为提高前置审批效率，政府可引入投资项目代办机制，在政务大厅提供专业的帮办代办服务，主要负责为项目单位提供固定资产投资项目一站式服务，包括全程代办帮扶、答疑解惑、预约调度、建立项目审批进度台账、重点项目上门指导等行政审批服务，从而节省投资单位在项目申报时准备前期要件的时间，实行一对一针对性辅导，提升行政审批服务效能。行政审批工作人员可利用"互联网+政务服务"的工作模式，充分发挥网上审批平台、电子邮件、微信和QQ等软件的作用，对投资项目进行网络预审，提高项目申请材料的正确率。审批部门审核无误后，申报单位可在网上申报。此外，还可以选择邮寄相关证明或下载电子证明等方式，真正实现"不见面审批"。

（三）全面提升执法者素质，促进行政执法主体执法观念的转变，提高执法水平

执法者的执法理念直接决定了执法者的执法水平和执法状态，是执法行为的出发点和基础。在政务服务中，如果执法人员的法治意识和服务意识淡薄，执法随意性强，执法程序不规范，以权代法、以人代法，执法的结果必然就有欠公平公正。执法观念的落后导致了执法水平的落后。彻底改变政务服务中的权力意识，实现由"权力本位"向"责任本位"的转变，促使他们自觉地成为人民群众根本利益的代表。执法理念提升，是促进行政执法水平的思想保障。

政务服务中涉及大量行政法规，其间的关系错综复杂。这要求行政执法者必须具备较高的业务水平才能够准确地理解条文和适用条文，合理合法地行使行政权，防止发生执法误差或错误。行政执法人员的录用或选拔应严格依法进行，坚持从严、从优的标准，建立严格完善的培训和辞退制度，以确保行政执法队伍的应有素质。

执法者不是机器，执法时任何想要完全排除个人因素的企图都不可能实现。要保证行政权得到正确的运用，除了具备专业素质外，每一个执法人员还应当具有较高的职业道德。因此，要重视加强执法队伍建设，如开展法律和职业道德教育培训活动、落实执法资格等，从而保证行政权的行使是出于社会公正和公共利益，而不是出于执法者个人的利益倾向和感情好恶。

参考文献

[1] 白景涛. 山西：打造数字政府"山西模式"[J]. 中国信息界，2022（4）：58-61.

[2] 曹明. 数字技术赋能乡村公共服务创新的机制与路径研究[J]. 中州学刊，2022（10）：69-75.

[3] 陈俊良，蔡潇. 网络背景下"互联网＋政务服务"平台建设[J]. 电子技术与软件工程，2021（5）：27-28.

[4] 程功. 推进"互联网＋政务服务"优化营商环境[J]. 中国商界，2023（2）：152-153.

[5] 丁艺. 以新发展理念构建数字政府发展新格局[J]. 数字经济，2021（3）：24-28.

[6] 杜兰馨，白丽. 中小企业数字化赋能：机遇、挑战与对策研究[J]. 商讯，2021（25）：91-93.

[7] 范合君，吴婷，何思锦. "互联网＋政务服务"平台如何优化城市营商环境：基于互动治理的视角[J]. 管理世界，2022（10）：126-153.

[8] 戈晶晶. 数字政府的新征程路在何方[J]. 中国信息界，2020

（6）：20-21.

[9] 海蕴，律星光.高位推动 积极破题[J].财经界，2020（16）：25-27.

[10] 何源，袁晓靓，黄敏怡.湖北省营商环境优化的"互联网＋政务服务"便捷度评价研究[J].湖北第二师范学院学报，2023（3）：53-57.

[11] 胡厚翠.安徽省大力推进"互联网＋政务服务"创优"四最"营商环境[J].沈阳干部学刊，2020（1）：42-45.

[12] 胡凌琳，吴炜."互联网＋"助推城市智能化公共服务平台的建设[J].商，2016（13）：44.

[13] 黎军.以"数字政府"建设为抓手，推进政府治理现代化[J].团结，2020（1）：42-46.

[14] 李春友，李梓媚.数智化如何赋能企业商旅管理[J].中国外资，2022（10）：115-117.

[15] 李晴，郁俊莉，刘海军.数据赋权、网络协同、信任支撑：数字政府建设中政企合作的路径优化[J].新视野，2023（4）：104-111.

[16] 梁铭之.江苏福建"互联网＋政务服务"平台建设及对广西的启示[J].市场论坛，2017（3）：25-27，30.

[17] 林益立，刘永利.互联网公益平台发展现状及对策建议[J].企业改革与管理，2020（23）：65-66.

[18] 刘雷，陈婧.数字赋能"专精特新"中小企业发展的若干问题探究[J].中国管理信息化，2023（2）：126-128.

[19] 刘宁，彭飞凡，于梦鑫.数字化赋能研究述评及未来展望[J].开发研究，2021（6）：58-65.

[20] 刘祺.从数智赋能到跨界创新：数字政府的治理逻辑与路径[J].社会科学文摘，2022（7）：8-10.

[21] 刘新业."互联网+政务"助推政府打造"智慧城市"新平台[J].才智,2016(4):268.

[22] 刘雅静.持续优化宁夏营商环境路径研究[J].宁夏党校学报,2022(5):34-38.

[23] 龙一玢.在数字政府建设视角下对数据赋能营商环境优化的思考[J].江西通信科技,2022(4):34-38.

[24] 国务院发展研究中心课题组,马建堂,袁东明,等.持续推进"放管服"改革不断优化营商环境[J].管理世界,2022(12):1-9.

[25] 邱洋冬.营商环境生态构建缘何重要:企业创新数量与创新质量视角[J].投资研究,2022(10):39-61.

[26] 田永昊,刘龙飞,孙泽,方治华.从企业需求和群众体验出发 沈阳持续打造高标准营商环境[J].民心,2022(10):32-33.

[27] 汪玉凯.5G时代数字政府发展十大趋势[J].中国信息安全,2019(9):87-89.

[28] 王成程.从线下到线上:行政服务中心运行机制的演变:基于"互联网+政务服务"的视角[J].公共管理与政策评论,2017(12):32-40.

[29] 王丹,刘祖云.乡村数字赋能的运行逻辑、现实困境与优化策略:基于江苏省沙集镇的个案考察[J].求实,2022(6):91-106,110.

[30] 王文媛."互联网+政务"平台研究:以黑龙江省为例[J].行政事业资产与财务,2020(17):73-74.

[31] 王忠珊.数字政府服务企业创新途径研究:以贵州省G市G平台为例[J].改革与开放,2022(11):41-47,72.

[32] 魏向前.营商环境建设:理论检视、现实困境及路径优

化：基于 N 省 Y 市的个案分析 [J]. 哈尔滨市委党校学报，2019（4）：45-49.

[33] 吴长军. 数字赋能中小企业高质量发展 [J]. 金融博览，2022（5）：36-38.

[34] 项松林，张志鹏，杨彪. 数字赋能政协协商：进展、经验与展望 [J]. 成都大学学报（社会科学版），2023（3）：30-46.

[35] 熊斌，韦丽文."互联网＋政务服务"背景下政务营商环境优化研究：以广西 N 市为例 [J]. 科技创业月刊，2022（1）：58-62.

[36] 徐鑫."互联网＋政务服务"平台建设的问题与对策 [J]. 法制博览，2020（4）：247-248.

[37] 杨冬艳. 以公平正义价值引领"互联网＋政务服务"平台建设 [J]. 中共郑州市委党校学报，2021（3）：46-49.

[38] 游昭妮. 基于地方政府治理的优化营商环境对策研究 [J]. 中共乐山市委党校学报，2022（6）：78-83.

[39] 赵春飞."数字赋能"推进市域社会治理现代化 [J]. 中国经贸导刊，2022（11）：84-86.

[40] 庄会宁. 更优化更多元更完备更顺畅"互联网＋公安政务服务"平台：从 1.0 到 2.0 实现四大升级 [J]. 人民公安，2022（17）：26-29.